Abbildung und Beschreibung aller Ritterorden in Europa

REPRINT – VERLAG
LEIPZIG

Die zum Teil geminderte Druckqualität ist auf den
Erhaltungszustand der Originalvorlage zurückzuführen

© REPRINT-VERLAG-LEIPZIG
Volker Hennig, Goseberg 22-24, 37603 Holzminden
ISBN 3-8262-1807-8

Reprint der Originalausgabe von 1792
nach dem Exemplar der Sächsischen Landesbibliothek -
Staats- und Universitätsbibliothek Dresden
(Signatur: 34 8° 5324)

Lektorat: Andreas Bäslack, Leipzig
Einbandgestaltung: Jens Röblitz, Leipzig
Gesamtfertigung: Westermann Druck Zwickau GmbH

SCHAU-PLAZ
HOHER
RITTER=ORDEN.
Theatre
des plus celebres
Ordres de Chevalerie

Jac. Andr. Fridrich jun. sc. A.V.

Abbildungen

und

Beschreibung

aller hoher

Geistlichen, Weltlichen,

und Frauenzimmer

Ritter-Orden

in Europa.

――――― ―――――

Mit 48 Kupfern.

―――――――

Augsburg,

im Verlag Christoph Friederich Bürglen,

Buchhändler.

1792.

Verzeichniß

der in diesem Werkgen vorgestellten und beschriebenen hohen

Ritter-Orden.

In drey Abschnitte getheilet.

Erster Abschnitt.
Geistliche Ritter-Orden.

Zweyter Abschnitt.
Weltliche Ritter-Orden.

A. Päbstliche.

B. Kayserliche.

Dritter Abschnitt.

———

———

Chur Cölnische Teutscher Orden.

RITTER DES TEUTSCHEN
OR=DENS
Chevalier de l'Ordre Teutonique.

Erster Abschnitt.
Von denen
Geistlichen Ritter-Orden.

I.
Von dem Orden
der
Creutz-Herren,
oder vom
Deutschen Orden.
Gestiftet im Jahr Christi 1191.

Unter so vielen militärischen Orden, deren Errichtung der Krieg in Syrien verursachte, ist dieser Orden wohl einer der beträchtlichsten und ansehnlichsten.

Es hat derselbe mit dem Johanniter-Orden
fast einerley Ursprung. Denn anfangs bauete ein
andächtiger Deutscher, welcher sich zu Jerusalem
häuslich niedergelassen, auf Erlaubniß des daselb-
stigen Patriarchen, für die kranke Pilgrimme und
Landsleute ein Hospital, nebst einer Capelle zu Ehren
der Mutter Gottes. Es fanden sich alsbald viele

A   Deutsche

Deutsche, welche ein so löbliches Vorhaben zu befördern suchten, unter welchen die Bremer und Lübeker sich sonderlich hervor thaten, und ihren Eifer hierinn bezeugten, da sie sich bey der Belagerung Acre (sonst Ptolemais genant) der Pilgrimme nicht nur fleissig annahmen, sondern sich auch viele in obbesagtes Hospital begaben, der Kranken zu pflegen.

Also legten auch viele Grosse die Hände an das Werk, und Pabst Cälestinus III. errichtete davon einen förmlichen Orden, unter dem Titel: **Der Brüder des Deutschen Hauses, und Hospital Unserer Lieben Frauen zu Jerusalem;** erlaubte ihnen auch aus ihrem Mittel ein Oberhaupt zu erwählen, als wozu sie **Heinrich von Wallpott,** der aus einem alten adelichen Hause herstammete, ernennet, und A. 1191. die Regeln des H. Augustini angenommen hatten.

Das Ordens-Zeichen ist ein weisser Mantel, und auf desselben linker Seite ein schwarzes Creutz mit einer silbernen Einfassung. In dem Wappen führen die Ritter auch dieses Creutz in einem silbernen Felde, welches Pabst Cälestinus III. gedachtem Wallpott 1193. zu führen erlaubte. Dieses Creutz aber ist nach und nach verändert und vermehret worden; wie dann demselbigen **Johannes von Breme,**

Breme, König zu Jerusalem, 1206. ein goldenes
beygefüget.

Unter dem vierten Großmeister dieses Ordens,
Hermann von Salza, welcher durch seine Geschicklich-
keit und Klugheit die zwischen dem Pabst Honorio III.
und Kayser Friederich II. entstandene Mißhelligkeiten
glücklich beylegte: ertheilte der Kayser, seine Erkenntlichkeit zu bezeugen, dem Großmeister und dessen Nachfolgern nicht nur die Würde eines Reichs-
Fürsten, sondern erlaubte ihm auch, den Reichs-
Adler mit in das Wappen zu setzen. Der Pabst
gab seine Hochachtung gleichfalls durch Schenkung
eines Ringes von grossem Werth gegen ihn an den
Tag, welchen er beständig tragen sollte, und es
wurde nach der Zeit zur Gewohnheit, daß, wenn
man den Hoch-Meister erwählte, man ihm diesen
Ring als ein Denkmahl dieser merkwürdigen That
gab. Endlich zierte Ludwig IX. König in Frankreich, unter dem fünften Heer-Meister, Conrad,
Landgrafen von Thüringen, 1250. des Creutzes
Spitzen mit 4 goldenen Lilien.

Die Ritter dieses Ordens setzten sich durch ihre
Tapferkeit in so grosse Hochachtung, daß Herzog
Conrad von Massovien und Cujavien 1229. eine
feyerliche Gesandtschaft an ihren Hochmeister, Her-

mann

mann von Salza, abschickte, ihn um seine Freund-
schaft zu ersuchen, und zu bitten, er möchte ihm in
der dringenden Noth, worinn er wäre, wider den
Grimm und die Wuth der unglaubigen Preussen
Beystand leisten; und damit er diesen Orden in sein
Land zöge, so gab und trat der Herzog ihme zu
gleicher Zeit das Culmische und Lobauische Land,
und alles dasjenige ab, was er von den Preussen
erobern könnte; um sie ganz aus ihrem Besitz und
Herrschaft zu vertreiben.

Diese Schenkung schickte er dem Hochmeister,
welche auch von Pabst Gregorio IX. confirmiret
worden.

Bey der Regierung dieses Hermann von Salza
wurde der Orden der Schwerdtträger aus Liefland
unter ihrem Heermeister, Volquin Schenk, mit
diesem Orden von Gregorio IX. vereiniget. Diese
Vereinigung geschahe zu Rom im Jahr 1238. nach
einiger Meinung, und nach anderer ihrer im Jahr
1234. da dann die Ritter dieses Ordens so mächtig
geworden waren, daß sie sich fast von ganz Liefland
und Preussen Meister gemacht, worinnen sie 9 Biß-
thümer, nemlich 4 in Preussen, und 5 in Liefland
gestiftet hatten; auch erbaueten sie, neben einigen
andern Städten in Preussen, Elbingen, Marienburg,
Thorn, Danzig, und Königsberg.

In

In dem Jahr 1295. brachten sie die Preussen unter ihre völlige Bottmässigkeit, nachdem sich die Letztern fünfmal gegen sie empöret hatten.

Keinen geringern Fortgang hatte der Orden auch in Liefland, wo er auch noch Curland und Se= migallien eroberte, nachdem er gedachte Provinz in dem Jahr 1288. gänzlich unter seine Herrschaft ge= bracht hatte.

Die Ritter dachten nach diesem weiter an nichts, als wie sie ihre Eroberungen wider die benachbarten Völker in Sicherheit erhalten möchten, welche oft= mals mit ansehnlichen Völkern in die dem Orden zugehörige Lande einfielen; welches dann Ursache war, daß sie harte Kriege wider die Litthauer und Russen auszustehen hatten: während der Zeit aber, da der Orden beträchtliche Vortheile über sie erhielte, bekam er in Syrien einen verdrießlichen Stoß unter dem XIten Hochmeister, Conrad von Feuchtwan= gen, indeme die Stadt Acre, worinn das vornehm= ste Haus des Ordens war, im Jahr 1291. von dem Sultan in Aegypten, Mulech Seraph, weg= genommen, und die noch übrigen deutschen Ritter genöthigt worden, das gelobte Land zu verlassen.

Sie blieben einige Zeitlang zu Venedig, und erwählten sich nachhero die Stadt Marburg in Hes=

A 3   sen,

sen, allwo noch ein prächtiges deutsches Haus stehet,
zu ihrem Hauptsitz. Der Hochmeister, Gottfried
von Hohenlohe aber verlegte ihn im Jahr 1306.
nach Preussen in die Stadt Marienburg, und seit
der Zeit hat es keinen Landmeister mehr in Preussen
gegeben.

Ausser den schweren Kriegen, welche der Orden
führte, geriethe derselbe auch viele Jahre in inner-
liche Unruhen und Spaltungen, welche Uneinigkeiten
unter der Regierung des Hochmeisters Conrad von
Jungingen, der König Jagello in Pohlen sich zu
Nutze zu machen bemühete. Er grif mit Wi-
tholden, Herzoge in Litthauen, Preussen an. Als
aber der Heermeister in Liefland dem Hochmeister zu
Hülfe kam, so wurde zwischen Pohlen und dem
Orden im Jahr 1403. Friede gemacht, welcher aber
von keiner langen Dauer war. Denn er wurde von
Ulrich von Jungingen gebro... n. Dieses nöthigte
Uladislaven Jagello, alle seine Macht mit seines
Vaters Witholds, Herzogs von Lithauen, zu vereinigen, und brachte ein Heer von 150000 Mann
auf, womit er den Hochmeister angriffe, der nur
83000. Mann hatte. Das Treffen wurde 1410. den
15ten Julii a. st. bey dem Dorfe Tonnenberg ge-
liefert, und war so blutig, daß 60000. auf Pohl-
nischer, und 40000. auf der Ritter Seite blieben.

Ende

Endlich machten gar verschiedene Länder und Städte zu Marienwerder einen Bund wider ihre unbillige Gewalt, und 1453. ergab sich das meiste Preussen von den Rittern weg, in Königl. Pohlnischen Schutz.

Hieraus entstunde erstlich ein schwerer Krieg, und nachhero durch Päbstliche Vermittlung 1466. zu Thorn zwischen dem Orden und dem Könige Casimiro IV. von Pohlen folgender Vertrag und Friede: daß nemlich der Cron Pohlen, Pomerellen, samt dem Culmischen und Michelauischen Gebiete, wie nicht weniger Ermland, Marienburg und Elbing abgetretten, und das übrige Theil von Preussen aber dem Orden als ein Pohlnisches Lehen verbleiben sollte.

Endlich wurden die Creutz-Herren im XV. Seculo gar aus Preussen delogirt; dann ihr Hochmeister, Marggraf Albrecht zu Brandenburg, nahm die Lutherische Religion an, und wurde von seinem Vetter, Sigismundo, König in Pohlen, 1525. den 5ten April zu Cracau mit obiggedachtem Antheil in Preussen eigenthumlich belehnet. Und solchergestalten kam Preussen an das Haus Brandenburg, welches man nachhero das Herzogliche Preussen genannt, und unter Friederich III. Marggrafen zu Brandenburg, und Churfürsten des H. R. Reichs 1701. zu einem Königreich erhoben worden.

Inzwi-

Inzwischen retirirte sich der damalige Groß=
meister, Walther von Kronberg, nach Mergent=
heim in Franken, nennte sich einen Administrator
des Hochmeisterthums in Preussen, und Meister
der deutschen Orden in den deutschen und wel=
schen Landen; wurde auch zu einem Mitglied des
Fränkischen Crayses aufgenommen; und so ver=
blieb es bis auf den heutigen Tag.

Die jetzigen Ordens=Länder werden in XI.
Balleyen eingetheilet, nemlich 1. in die Elsassische,
2. in die Oesterreichische, 3. die von der Etsch, oder
die Tyrolische, 4. die von Coblenz, 5. die Fränki=
sche, 6. die zu Biessen, 7. die zu Westphalen, 8.
die Lothringische, welche allesamt Catholisch; 9. die
Hessische, 10. die Thüringische, und 11. die Säch=
sische, welche drey letztere meistens der Lutherischen
Religion zugethan sind, aber doch den Herrn Deusch=
meister für ihr Oberhaupt erkennen, und auf den
Capitul=Tagen zu Mergentheim erscheinen.

Der jetzige Deutschmeister sind Maximilian
Franz Xaver Joseph, Erzherzog von Oester=
reich ꝛc. Erzbischof und Churfürst zu Cölln.

Johanniter oder Maltheser Orden.

CRITTER VON   MALTH:
Chevalier de   Malthe

II.
Von den
Hospitalitern
vom Orden
des
H. Johannis v. Jerusalem,
welche nachher
Rhodiser-
und jetzo
Malteser-Ritter
genannt werden.
Gestiftet im Jahr Christi 1048.

Es ist dieser Orden, welcher in seinem Anfang sehr
schwach gewesen, unstreitig für einen der aller=
ältesten und berühmtesten in der ganzen Welt zu
halten. Bey Anfang des XIten Seculi wünschten die
Kaufleute aus der Stadt Amalsi im Königreiche
Neapolis, welche nach Syrien handelten, und gemei=
niglich die heiligen Oerter in Jerusalem besuchten,
eine Kirche zu haben. Sie erlangten auch durch die
erhaltene Gunst des damaligen Califen in Aegypten,
Romensor von Mustesaph, die Erlaubniß, eine
Kirche in der Stadt Jerusalem zu bauen, in dem

A 5   Quar=

Quartier der Christen vor dem Tempel der Auferstehung. Sie weiheten solche in der Ehre der H. Jungfrau Maria, und stifteten daselbst ein Kloster für die Religiosen vom Orden S. P. Benedicti, welche Sorge trugen, die Pilger auf- und anzunehmen.

Diese Kirche wurde zu St. Maria der Lateinischen genannt, um sie von andern Kirchen zu unterscheiden, worinne man nicht den Lateinischen Bräuchen folgete.

Weilen die Anzahl der Pilgrimme mit der Zeit zunahm, so bauete man neben der Kirche zu S. Maria de Latina noch ein Hospital, um so wohl die kranken als gesunden Mannspersonen darinne, unter der Führung eines Meisters oder Rectors, aufzunehmen, welcher von dem Abbt zu St. Maria sollte ernannt werden, und man stiftete daselbst noch eine Capelle in der Ehre St. Johannis des Täufers.

Ein gewisser Gerhard, mit dem Zunamen Tom, aus der Insel Martigue in der Provence gebürtig, war der erste, welcher darinnen die Aufsicht hatte, und einige Jahre nachhero, da Gottfried von Bouillon die Stadt Jerusalem den 15ten Julii 1099. erobert hatte, wurde er von der Mildthätigkeit, welche man in dem Hospital zu St. Maria de Latina ausübte, dergestalt erbauet, daß er ihr einige Güter gab, die er in Frankreich hatte.

Andere

Andere hohe und vornehme Personen ahmten diesem Fürsten in seinen Freygebigkeiten nach, und die Einkünften des Hospitals vermehrten sich.

Gerhard hielte es nebst seinen Hospitaliter-Brüdern für dienlich, sich von dem Abbt und den Religiosen des Klosters zu St. Maria de Latina zu trennen, und eine besondere Congregation unter dem Schutz und in der Ehre des H. Johannis des Täufers auszumachen. Und das war die Ursache, daß man sie nachher Hospitaliter oder die Hospital-Brüder des H. Johannis von Jerusalem oder Johanniter nennte.

In dem Jahr 1113. erhielte Gerhard von dem Pabst Paschal II. die Bestättigung dieser Schenkungen, welche dem Hospital gemacht worden, nahm sie in Apostolischen Schutz, und verordnete, daß nach Gerhards Tod, die Auffseher oder Rectores von den Hospital-Brüdern sollten erwählt werden. Gerhard starb im Jahr 1118. Raymund du Puy aus dem Delphinate gebürtig, folgte Gerharden, und nahm zuerst den Titel eines Meisters an. Bis hieher hatten die Hospitaliter noch keine geschriebene Regel gehabt.

Raymund du Puy aber verband sie durch einige ihnen vorgeschriebene Regeln, die drey feyer-
lich

liche Gelübde, der Armuth, der Keuschheit und des
Gehorsams zu thun: und weilen derselbige einige
Dinge in diese Regel gesetzt hatte, welche aus des
H. Augustini genommen waren: so machte solches,
daß man diesen Orden der Johanniter von Jerusalem stets unter die Zahl derjenigen gesetzt hat, welche der Regel des H. Augustins folgen.

Dieser erste Großmeister theilte die Hospitaliter
nachhero in 3 Classen. Die erste bestunde aus Edel-
leuten, die er zur Vertheidigung des Glaubens und
Beschützung der Pilgrimme bestimmte; die 2te aus
Caplänen und Priestern, zum Gottesdienst; die 3te
aus den dienenden Brüdern, die nicht adelich, doch
ebenfalls zum Krieg bestimmt waren. Man führte
weiter die Gewohnheit ein, die Ritter mit Ceremonien in den Orden aufzunehmen, welches im Jahr
1130. vom Pabst Innocentio II. gebilliget worden,
und verordnete: es sollen die Ritter zu ihrer Fahne
im Krieg ein weisses dickes Creutz im rothen Feld
führen, welches noch jetzo das Wappen des Ordens
ist. Ob er nun gleich zu einem Ritter-Orden also
erhoben worden, so nannte man sie doch nicht eher
Ritter, als bis sie die Insel Rhodis erobert hatten.

Als in dem Jahr 1187. die Stadt Jerusalem
nebst der schönen Stadt Acre an den Saladin, Califen

lifen in Aegypten übergieng, so retirirte sich der
Orden nach Margat in Phönicien, welche Stadt
ihm zugehörte, und welche derselbe 1285. verlohren.
Nachdem sich die Christen der Stadt Acre aber 1191.
wieder bemeistert hatten, legten die Ritter ihren
Sitz dahin.

Als sie aber von dem Sultan Mulee=Seraph
1291. den 18ten May mit stürmender Hand wieder
erobert wurde: so wandten sich die Ritter nach der
Insel Cypern in die Stadt Limisson, worinne sie
etwa 18 Jahre blieben, bis sie sich unter ihrem
Großmeister Fulco von Villaret der Insel Rhodis
nebst vielen umliegenden Inseln im Jahr 1309. be=
meistert hatten.

Sie besassen dieselbe 213 Jahr ruhig; allein
1524. den 15ten December nahm sie ihnen der Tür=
kische Kayser Soliman II. alle wieder ab.

Darauf wandten sie sich nach Castro Messina
und Rom, bis nach vielem Herumschweifen, Kayser
Carl V. 1530. den 24ten Merz ihnen die Insel
Malta, welche 20 Französische Meilen lang, und
12 breit ist, auch 2 vortrefliche Städte, Civita
Vecchia und Valette in sich hat, nebst ungefehr 50
Flecken oder Dörfern umher, mit der Bedingung
übergeben, diese Insel zu beschützen, und den Tür=
kischen

kischen Seeräubern allen möglichen Abbruch zu thun. Ihr Oberhaupt, (welcher sich einen Großmeister des Hospitals zu St. Johann Baptist in Jerusalem und Guardian der Armen unsers Herrn Jesu Christi nennet) residiret gleichfalls noch heutiges Tages daselbst, und wird der Orden jetzo in 8 Zungen oder Nationes eingetheilet, nemlich 1. in die von der Provence, 2. Auvergne, 3. Frankreich, 4. Italien, 5. Arragonien, 6. Deutschland, 7. Castilien, und 8. Engeland.

Der Großmeister führt den Titul Eminenz, wie die Cardinäle, und die hohen Aemter des Ordens sind folgende:

1) Der Gros-Commenthur, der aus der Zunge von Provence erwählet wird.

2) Der Marschall, das Haupt der Zunge von Auvergne.

3) Der Hospitalier, das Haupt der Zunge von Frankreich.

4) Der Groß-Admiral, das Haupt der Zunge von Italien.

5) Der Grand-Conservateur, von Arragonien.

6) Der Groß-Balley von Deutschland, als das Haupt der deutschen Zungen.

7) Der

7) Der Groß-Canzler, von Castilien und Portugall. Und

8) die Englische, welche wegen der Religions-Veränderung nicht mehr besteht, hatte den Turcopolier oder Führer des Fußvolkes zum Haupte.

Zu Kriegs-Zeiten tragen die Ritter über ihren Rock ein rothes Ober-Kleid, in Gestalt einer Dalmatica, welche vorn und hinten mit einem breiten weißen Creutz ohne Spitzen gezieret ist, und welches das Ordens-Wappen ist. In Friedens-Zeiten aber, oder wenn sie nicht in Waffen sind, tragen sie auf der linken Seite ihrer Kleidung und langen schwarzen Mantels, das achtspitzige weiße leinwandene Creutz, welches das wahre Ordens-Kleid ist. Vorne auf der Brust tragen sie ein goldenes Creutz an einem schmalen schwarzen Bande, welches aber nur ein äusserlicher Zierath ist.

Die ordentliche Kleidung des Großmeisters besteht aus einem Leibrocke von Tobin oder Tuch, welcher vorne offen, und mit einer Gürtel umgürtet ist, an welchem ein Beutel hängt, um die Mildthätigkeit gegen die Armen anzudeuten, und über diesen Leibrock trägt er eine andere Art Rock von Sammte, auf welchem auf der linken Seite und auf

auf der Schulter das Ordens=Creutz iſt, welches er auch auf der Bruſt trägt.

Der Schnabel=Mantel (*Manteau à bec*) wel=cher den Rittern bey Ablegung des Gelübtes gegeben wird, iſt ſchwarz, und mit dem Ordens=Bande ſind die Geheimniſſe des Leidens unſers Herrn Jeſu Chriſti mit dazwiſchen geflochtenen Körben vorge=ſtellt, welche, wie geſagt, die gegen die Arme aus=zuübende Chriſtliche Liebe andeuten. An dieſem Mantel ſind 2 lange Aermel, faſt von einer Elle, und in der Höhe ungefähr einen halben Fuß breit, welche ſpitzig ausgehen. Sie wurden ſonſt über die Schultern geworffen, und auf dem Rücken zuſam=men geknüpft.

Die Kleidung der Ritter Groß=Creutze, wenn ſie in der Kirche ſind, iſt eine Art von einem ſchwar=zen Rocke, Clocia oder Glocke genannt, welcher vorne offen iſt, und groſſe Aermel hat, auf wel=chem auf der linken Seite der Bruſt, und auf der Schulter das Ordens=Creutz mit dem groſſen Ban=de iſt, an ihrer Seite aber haben ſie den Degen. Wenn ſie in den Rath gehen, ſo haben ſie dergleu=chen ſchwarzen Rock, der aber vorn zu iſt, und nur das groſſe Creutz auf der Bruſt hat. Sie tra=gen alsdann auch weder Degen noch Band.

Anjetzo

Anjetzo geräth der Orden in Malta ziemlich in das Abnehmen, dahingegen das Ansehen der Baley Brandenburg je mehr und mehr steiget, welches wir um deswillen hier anmerken sollen, weilen wir bey Vorstellung dieses Ordens das Ordens-Zeichen der Baley Brandenburg abzubilden erwählten, welches, wie das Ordens-Zeichen von Malta, ein goldenes achtspitziges weis emaillirtes Creutz ist, ausser daß in dessen 4 Winkeln 4 goldene Adler mit ausgebreiteten Flügeln zu sehen.

Dieses Creutz tragen die Ritter an einem 2 Finger breiten schwarz gewässerten Band, um den Hals auf der Brust hängend: überdem bekommen sie einen schwarzen Mantel, auf dessen linker Seite ein weisses achtspitziges Creutz aufgeheftet ist. In dem Herrn Meisterthum von Brandenburg wird niemand ohne Beweis 16 adelicher Ahnen zu diesem Orden aufgenommen, und der jetzige Herrn Meister sind des Prinzen Ferdinand von Preussen königl. Hoheit.

Zwey-

Zweyter Abschnitt.
Von den
Weltlichen Ritter-Orden.

xoxoxoxoxoxoxoxoxoxoxoxoxoxoxoxoxox

A. Päbstliche Ritter-Orden.

III.
Von dem Orden
vom
Goldnen Sporn.
Gestiftet im Jahr Christi 1559.

Bey Beschreibung dieses Ordens müssen wir anmerken, daß die Ritter desselben von denjenigen
Rittern zu unterscheiden sind, welche von Kaysern
und Königen an ihren Krönungs- und Vermäh-
lungs-Tägen zu Rittern geschlagen, und zugleich
mit dem goldenen Sporn beehret werden, wovon sie
Equites aurati heissen.

Einige Geschichtschreiber meinen, daß Pabst
Pius IV. diesen Orden zu Rom im Jahr 1559.
eingesetzt habe. Allein, es scheinet nicht, sagt P.
Heliot,

Päbstl. Orden.

RITTER VON   GULD
SPO-   REN.
Chevalier de   l'Eperon

Heliot, daß dieser Pabst dem Orden, welchen er
errichtet, den Namen vom goldenen Sporn, sondern vielmehr seinen eigenen Namen gegeben habe,
und man finde eine Bulle von Pabst Pio V. im
Jahr 1569. gestellet, worinne die Ritter dieses Ordens *Chevalier des Pies* oder der *Piorum*, genennet worden.

Dieses ist wahr, wie *Pierre de Belloi* in seinem Tractat *de l'origine de Chevalerie* ꝛc. sagt:
daß die Ritter der *Piorum*, auf eben die Art, wie
die vom goldnen Sporn creirt worden.

Favin sagt: daß diese Ritter auch darum vom
goldnen Sporn genennet worden, weilen sie die Erlaubniß hatten, denselben zu tragen; und in den
Receptions-Briefen, welche den Rittern vom Sporn
ertheilet worden, wurden selbige *Sacri Palatii La-
teranensis Comites, Milites & Equites aurati* genennet. Aber dieses goldene achtspitzige roth emaillirte Creutz, an welchem unten ein goldener Sporn
hängt, und welches das Ordens-Zeichen der Ritter
vom Sporn ist, ist nicht das Ordens-Zeichen, welches
Pabst Pius IV. denen von ihm creirten Rittern
gab: indem selbiges aus einer goldnen Medaille
bestund, auf welcher auf einer Seite das Bildniß
des H. Ambrosii, und auf der andern Seite das
Wappen des jedesmalig regierenden Pabsts zu sehen

war:

war: welches aus dem von dem Abbt Giustiniani
angeführten Zeugniß erhellet, welches er aus der
von bemeldtem Pabst über die Errichtung des Ordens der *Piorum*, ertheilten Bulla mit diesen Worten anführet: *Insigniaque dictorum Militum Piorum esse volumus imaginem B. Ambrosii Ep. ab
una parte alicujus pendentis aurei, & ab altera
parte insignia nostra, vel p. t. existentis Ponti-
ficis &c.*

Mithin ist es wahrscheinlich, daß Pabst **Pius**
IV diesen Orden vom güldenen Sporn nicht errichtet, und daß diejenigen Orden, welchen er seinen
Namen gegeben, eben dasjenige Fatum gehabt,
welches die Orden von St. Petro, Paulo und U. L.
Frauen von Loretto betroffen, welche sämtlich unterdrückt sind, und deren Rittere Officianten der Päbstlichen Canzeley sind: Wie dann unter diesen Officianten aufs wenigste über 500 solche *Cavalieri* des
Ordens der *Piorum* sich befinden, deren Bedienun-
gen jede auf 1000 Thaler sich erstrecket. Unser
Autor sagt ferner: daß der Pabst ihnen grosse Pri-
vilegia verstattet habe. Er gab ihnen nicht nur den
Titul, als *Comites Sacri Palatii*, vermöge dessen
sie Doctores und Notarios creiren, auch Huren-
Kinder legitimiren konnten, sondern sie genoßen auch
viele Beneficien, wenn sie auch schon verheirathet
waren:

waren: Sie waren von aller andern Jurisdiction ausgenommen, und stunden immediate unter dem Päbstlichen Stuhl. Man mag nun aber diese Privilegien den Rittern der Gesellschaft der *Piorum*, oder den Rittern vom goldnen Sporn zueignen, so geniessen erstere, weilen sie gänzlich erloschen und unterdrückt sind, nichts mehr davon, und alles dasjenige, was die *Cavalieri* vom Sporn noch davon erhalten, sind die Titel, daß sie *Sacri Palatii Comites & Equites aurati* genennt werden, welche ihnen in ihren Receptions-Briefen ertheilet werden.

———

B. Kay

B. Kayserliche Ritter-Orden.

IV.

Von dem
Constantin-Orden.
Gestiftet im Jahr Christi 313.

Die Stiftung dieses Ordens wird Constantino Magno, dem ersten Christlichen Kayser, von einigen Geschichtschreibern zugeschrieben: mit der Erzehlung der Bewegungs-Ursache zu der Errich-tung desselben, welche folgende war: Constantinus Magnus solle von dem Senat zu Rom gebeten worden seyn, ihnen wider den Tyrannen Maxen-tium beyzustehen, welches er auch zu befolgen suchte. Als er nun wider seinen Feind zu Feld lag, wegen der grossen Macht des Tyrannen aber für einen schlechten Ausgang sehr besorget war, solle er zu Unternehmung eines Treffens, durch ein in der Luft ihme erschienenes hellglänzendes Creutz, mit den dabey stehenden Worten: *In hoc signo vinces*, er-muntert worden seyn, darauf er seinen Feind muthig angegriffen, und die Schlacht mit vielem Sieg er-halten habe.

Hier-

Constantinische Orden.

In hoc Signo Vince.

Constantinische Orden.

RITTER VON CONSTANTIN
ORDEN.
Chevalier de   l'Ordre de l'An
d'Or de   Constantin.

Hierdurch seye der Kayser bewogen worden, den Christen nicht nur den freyen Gottesdienst zu verstatten, sondern hätte auch sich selbsten von Eusebio, als er seines Lebens Ende vermerkte, im Jahr Christi 337. taufen lassen. Nach oben beschriebenem Sieg, hätte der Kayser nicht nur in seinen Standarten und Fahnen dieses Creutz geführet, sondern auch davon einen militärischen Orden im Jahr Christi 313. errichtet.

Allein, wie es Mönche giebt, welche geglaubt haben, sich eine Ehre zu machen, wenn sie sich für sehr alt ausgäben, so finden sich auch Ritter-Orden, welche ihren Ursprung so hoch hinaus gesetzt, als sie nur immer gekonnt haben, um sich zu bemühen, durch ein eingebildetes Alterthum den Vorrang zu haben.

Dergleichen ist dieser Orden der Constantins-Ritter, welche auch die Englischen, die vergoldeten oder goldenen, und des H. Georgii genannt werden.

Der Abbt Giustiniani, welcher sich einen Ritter und Großkreutz dieses Ordens nennet, behauptet in einer zu Venedig 1692. ans Licht gestellten Geschichte der Orden, daß solcher der älteste unter den Ritter-Orden seye.

Ver-

Vergebens aber ist es, wenn man den Ursprung der Ritter-Orden vor dem 12ten Seculo suchen will; und P. Papebroch sagt von diesem Orden, davon wir reden, und dessen Ursprung man Kayser Constantino dem Großen zueignen will: Diejenigen hintergiengen sich, oder wären auch mit Willen hintergangen worden, welche aus Lust zur Schmeicheley den Ursprung der Ritter-Orden vor dem 12ten Seculo suchen wollen 2c.

Um das Alterthum dieses Ordens zu beweisen, bringt man Briefe vom Pabst Leo vom Jahr 456. bey, welche dem Vorgeben nach an den Kayser Marcian gerichtet seyn sollen, wodurch er diesen Orden unter der Regel St. Basilii bestättiget, und noch andere Briefe des Kaysers Leo I. vom Jahr 489. Es ist wahr, daß sich solche in den Archiven des Römischen Hofes befinden; allein, deßwegen sind sie nicht weniger unterschoben, und wurden erst 1533. mit andern Urkunden und vorgegebenen Privilegien dieses Ordens diesen Archiven beygelegt. Es waren keine andere, als diejenigen, welche der Kayser Isaac Angelus Comnenus im Jahr 1190. angeordnet hatte, und sie wurden hier nur erneuert.

Dieser Kayser, welchen Giustiniani den Verbesserer dieses Ordens nennet, könnte wohl selbst der Stifter dieses Ordens gewesen seyn, und ihm den Namen

Namen **Conſtantins-Orden**, wegen des Kayſers
Conſtantini, gegeben haben, von welchem die Comnenen die Abkömmlinge zu ſeyn glauben. Er konnte
ihn auch wohl von ſeinem eigenen Namen **Angelus**,
den Engliſchen, und endlich, weil er unter dem
Schutz des H. Georg geſtellet, den St. Georgs-
Orden genennet haben.

Und dieſes dünkt uns, ſey mit den beſten und
bewährteſten Auctoribus, wohl das vernünftigſte
und billigſte Alterthum, welches man dieſem Orden
zugeſtehen könne. So viel von deſſen Urſprung. Wir
gehen aber ſogleich nach unſerm Vorhaben zu der Be-
ſchreibung des Ordens-Zeichens und der Kleidung.

Das Ordens-Zeichen, welches die Ritter auch
auf der linken Seite des Mantels tragen, iſt ein
rothes mit Gold eingefaßtes Lilienförmiges Creutz,
auf welchem dieſe 4 Buchſtaben ſtehen: *I. H. S. V.*
welche bedeuten: *In hoc ſigno vinces.* Der Name
Chriſti, welcher durch die beeden in einander geſtoch-
tenen Buchſtaben X und P ausgedruckt wird, ſteht
in der Mitte, und an deren Seiten dieſe Buchſtaben Δ und Ω

Die große Ordens-Kette, die ſie über dem Man-
tel um den Hals tragen, beſtehet aus dem Namens-
Zug X und P, in 15 goldenen emaillirten Oval-
Schilden,

Schilden, davon das mittelste, an welchem unten ein goldener St. Georg zu Pferd, wie er den Lind=wurm ersticht, hänget, grösser ist, als die andern, und welches mit einem Laubwerk, so aus Fichen= und Oelblättern bestehet, umgeben ist.

Der Habit des Großmeisters, wenn er öffent=lich erscheinet, oder dem Rath beywohnet, welcher aus 50 Senatoren, die eben so viel Großkreutze sind, bestehet, ist ein rothes Wammes und Hosen, nebst dergleichen Strümpfen und Schuhen, und darüber eine Weste von Silber gestickt, die bis auf die Knie gehet, und ziemlich weite Ermel hat. Diese Weste ist mit einem Gürtel von rothem Sammet, mit silbernen Stücken gefüttert, und um den Hals mit 2 von Gold und rother Seiden gewirkten Schnü=ren fest gemacht, die bis auf die Erde hinab hän=gen. Auf der linken Seite des Mantels ist das Ordens = Creutz mit Gold eingefaßt, aufgeheftet.

Die Mütze dieses Großmeisters ist nach Mace=donischer Art, eine Spanne hoch, und von Car=mesin = Sammet mit weissem Satin gefüttert. Sie ist an 4 Ecken mit eben dem goldgestickten Namens=Zug X und P aufgeschlagen, und mit einer schwar=zen Strausfeder geschmückt. Die Großkreutze, de=ren an der Zahl 50 sind, haben ein blaues Wamms und Hosen, und darüber eine weisse Weste, die

bis

bis auf die Knie gehet. Ihre Strümpfe und Schu=
he sind ebenfalls weiß, der Gürtel vom rothen Samm=
te, und der Mantel, welcher nicht so lang ist, als
des Großmeisters seiner, und an der Seite das
Ordens=Creutz hat, ist von blauem Damast, weiß
gefüttert. Sie haben auch das Recht, die große
Ordens=Kette zu tragen, und ihre mit weissen Fe=
dern gezierte Mütze ist von blauem Satine, und hat
den Namens=Zug X und P mit Gold gestickt an
den 4 Seiten.

Wenn die Ritter im Krieg sind, und für den
Glauben fechten, so müssen sie noch ein Oberkleid,
in Gestalt eines Scapuliers von weissem Zeug tra=
gen, welches in der Mitte ein rothes Creutz hat.

Die Päbste hatten die Großmeisterschaft dieses
Ordens dem Hause der Comnenen auf ewig bewil=
liget. Andreas Angelus Flavius Comnenus Fürst
von Macedonien aber, der letzte von diesem Hause,
trat im Jahr 1699. nachdem er den Orden viele
Jahre lang regieret hatte, die Großmeisterschaft
dem Herzog von Parma, Franz Farnese, für ihn
und seine Nachkommen auf immer und ewig ab;
welches der Pabst Innocentius XII. in eben dem
Jahr durch ein Breve vom 29ten October bestätti=
get hat; und seit der Zeit hat der neue Großmeister
einige

einige Veränderungen in den Saßungen vorge=
nommen.

In Italien sollen noch einige Ueberbleibsel die=
ses Ordens anzutreffen seyn: allein in Deutschland
wird er sehr wenig ästimirt.

Hievon ist in P. Hyppolt Helvots ausführli=
cher Geschichte aller geistlichen und weltlichen
Kloster=und Ritter=Orden; wie auch in des *P.
Honorii de Sta Maria Ord. Carmel. Discalceat.
Dissertation historique & critique sur la Chevalerie
ancienne & moderne &c.* das mehrere beliebig
nachzusehen.

V. Von

Ruſsriſch Kays. Orden.

RITTER DES H. ANDREAS
Chevalier de S. André

V.

Von dem Orden

des

Heiligen Andreä

in Rußland.

Gestiftet im Jahr Christi 1698.

Se. Szaarische Majestät, Peter Alexiewitz, stifteten diesen Orden im Jahr 1698. um die
Verdienste derjenigen zu belohnen, welche im Tür-
ken-Krieg ihre Tapferkeit vor andern hatten sehen
lassen.

Das Ordens-Zeichen ist ein goldener mit schwarz
emaillirter zweyköpfigter Adler, mit goldenen Schnäbeln und Klauen, und ausgebreiteten Flügeln, welcher auf jedem Kopf eine Kayserliche Crone träget;
auf dem Adler liegt ein goldenes und dunkelblau
emaillirtes Andreas- oder Burgundisches Creutz mit
einer goldenen schmalen Einfassung, auf welchem der
Heil. Andreas angenagelt erhoben, mit natürlichen
Farben emaillirt, um den Leib mit einer goldenen
Binde zu sehen ist. Auf den 4 Enden des Creutzes
stehen die 4 goldene Buchstaben *S. A. P. R.* welche
so viel heissen, als: *Sanctus Andreas Patronus
Russiæ*, und die Ordens-Devise ist. Das ganze
Ordens-

Ordens-Zeichen wird von einer grossen Kayserlichen
Crone bedecket, wodurch oben die Ringe gehen,
mit welchen dasselbe an der Kette oder Ordens-Band
befestiget wird. Gemeiniglich wird das Ordens-
Zeichen von den Rittern an einem breiten himmelblau gewässerten Band von der rechten Schulter
nach der linken Hüft hangend, getragen; bey Solennitäten aber müssen die Ritter dasselbe auf der
Brust an der Ordens-Kette tragen. Diese Kette
bestehet aus dreyerley besondern Gliedern, welche
wechselsweise und durch goldene Ringe aneinander
gefügt, und miteinander verbunden sind. Das
erste Glied ist ein goldener schwarz emaillirter zweyköpfigter Adler mit ausgebreiteten Flügeln, welcher
auf jedem Kopf (wie der Adler im Ordens-Zeichen)
mit einer Kayserlichen Crone gezieret ist, zwischen
welchen beyden die dritte noch etwas grössere ruhet:
auf der Brust des Adlers präsentirt sich ein roth
emaillirtes goldenes Schild, auf welchem der Ritter
St. Georg zu Pferd mit dem Lindwurm von Gold
zu sehen ist. Das zweyte Glied präsentiret ein
goldenes dunkelblau emaillirtes Wappenschild mit
einem schmalen goldenen Rand, auf welchem ein
A, welches den Namen der vorigen Kayserin Anna
Iwanowna anzeiget, als welche den Orden renovirt,
und die Kette desselben verbessert hat. Oben über
dem Schild ist eine Kayserliche Crone, zu beyden
Seiten

Seiten sind allerley Armaturen, als Fahnen mit weiß, roth und grün emaillirt, unten sind Canonen, Paucken und Trommeln zu sehen. Das dritte Glied stellet ein goldenes dunkelblau emaillirt Andreas-Creutz vor, mit einer schmalen goldnen Einfassung, in dessen 4 Enden die 4 Buchstaben *S. A. P. R.* mit Gold zu lesen. Zwischen den Ecken gehen Strahlen heraus, welche einen Circul formiren, und wechselsweise mit Gold emaillirt sind. Ueber dieß tragen die Ritter noch auf der linken Brust und Mantel einen achtspitzigen, mit Strahlen gestickten silbernen Stern, dessen 4 Eckspitzen grösser sind, als die 4 Seitenspitzen, in dessen Mitte eine goldene Circul-Fläche, und auf derselben ein mit Silber erhoben gesticktes und mit Blau schattirtes Andreas-Creutz zu sehen: aussen herum ist noch ein erhobener Circul von bleumourantem Atlas, auf welchem über dem Creutz 2 von Gold gestickte Engel, die eine goldene Crone halten; unten herum ist eine mit Gold gestickte Rußische Schrift zu lesen. Das Ordens-Kleid ist himmelblau, der Mantel roth mit Gold gestickt. Nach der Zeit ist dieser Orden andern hohen Personen und Auswärtigen auch conferiret worden, und ist jetzo unter den Rußischen Orden der allervornehmste und ansehnlichste.

VI. Von

VI.

Von dem Orden

des

Heil. Alexandri Nefsky

in Rußland.

Gestiftet im Jahr Christi 1725.

Dieser Orden, welcher gemeiniglich auch *le Cordon rouge de Saint Alexandre* genannt wird, ist im Jahr 1725. von Jhro Maj. der Czaarin Catharina gestiftet, und Fürst Menzikof zum ersten damit begnadigt worden.

Das Ordens-Zeichen ist ein goldenes achtspitziges roth emaillirtes Creuß, in dessen Mitte das Bildniß des Heil Alexander Nefsky zu sehen, welcher in ganz goldenem Küraß zu Pferd sitzet; auf den 4 ausgehenden Enden des Creutzes ist mit goldenen Buchstaben, jedoch in Rußischer Sprache, die Ordens-Devise zu lesen: *Pro Labore & Patria.* Jn den 4 Winkeln des Creutzes sind 4 goldene zweyköpfigte Adler mit ausgebreiteten Flügeln zu sehen, welche auf den Köpfen Kayserliche Cronen führen.

Dieses

RO · REET PATRI

RITTER VON NEFS=KY

S* ALEXANDER=KY

Chevalier de Nefs.

S. Alexandre =ky.

Dieses Ordens-Zeichen wird an einem breiten Ponceau-farbenen gewässerten Band über der linken Achsel nach der rechten Hüfte zu hängend getragen.

Ueber dem führen die Ritter noch auf der linken Brust einen achtspitzigen mit silbernen Strahlen gestickten Stern, dessen 4 Mittelspitzen etwas länger sind, als die Eckspitzen; in der Mitte dieses Sterns ist eine silberne Circul-Fläche, auf welcher die zwey durcheinander geschlungene Buchstaben *S. A.* (welche den Patron Sanctus Alexander anzeigen) mit Gold gestickt zu sehen; oben darüber ruhet ein rother gestickter Herzoglicher Hut, mit silbernem Aufschlag und schwarzen Flocken auf Hermelin-Art besetzt. Umher ist ein Ponceau-farbener erhobener Circul, worauf eine mit Gold gestickte Russische Schrift zu lesen, und unten sind 2 Creutz-weis gelegte grüne Lorber-Zweige. Es ist dieser Orden zwar etwas geringer als der Andreas-Orden, nichts desto weniger kann solchen niemand überkommen, der nicht wenigstens den Rang eines General-Majors hat; es wird auch niemanden der Orden des H. Andreä conferirt, der nicht schon einige Zeit vorher diesen Orden vom rothen Band getragen.

C C. König

C. Königliche Ritter-Orden.

VII.
Von dem
Heiligen Geist-Orden
in Frankreich.

Gestiftet im Jahr Christi 1578.

Dieser Orden ist von König Henrico III. 1578. am ersten Pfingsttage gestiftet worden, weilen ihm dieser Tag sonderlich glücklich gewesen, indem er an demselben im Jahr 1573. zum König von Pohlen erwählet worden, und das folgende Jahr an eben demselben Tage, seinem Bruder Carl IX. als König von Frankreich succedirte.

Er war selber Großmeister dieses Ordens, und setzte fest, daß das Großmeisterthum bey der Crone beständig bleiben sollte. Es gerieth dieser Orden ziemlich in das Abnehmen, deswegen ihn auch König Henricus IV. als zweyter Großmeister dieses Ordens 1590. wieder erneuert, und das Ordens-Zeichen verbessert hatte. In Frankreich führet dieser Orden schlechterdings die Benennung: *le Cordon bleu.* Das Ordens-Fest ist der letzte Tag des Monats Decembris, an welchem sich der König und
die

Kön. Franz. Orden.

Benoit   St Esprit

RITTER DES   H. GEIST.
Chevalier du   St Esprit.

die Ritter Nachmittags um 2 Uhr in der Augusti=
ner Kirche zu Paris versammeln.

Das Ordens=Zeichen war vormals eine gol=
dene Kette, welche wechselsweise aus roth email=
lirten flammenden Lilien, und aus weis emaillirten
Namens=Zügen bestunde. Anjetzo aber ist solches
ein achtspitziges goldenes roth emaillirtes Creutz mit
einer erhobenen weiß emaillirten Einfassung, auf
welchem eine weiß emaillirte Taube mit herunter han=
gendem rothem Schnabel in erhobener Arbeit zu
sehen ist. In den 4 Winkeln des Creutzes sind 4
goldene Lilien zu sehen, und auf denen Spitzen des
Creutzes sind 8 Diamanten gesetzt. Dieses Creutz
tragen die Ritter an einem breiten himmelblau ge=
wässerten Bande über der rechten Achsel nach der
linken Hüfte zu hängend: bey Solennitäten aber
müssen sie solches an der großen Ordens=Kette auf
der Brust hängend tragen.

Diese Kette bestehet wechselsweise aus dreyerley
Gliedern. Das erste stellet in der Mitte einen gol=
denen Helm vor mit einem weissen Federbusch, wel=
cher mit roth und weissen, blau und weissen Fahnen
und andern Armaturen umgeben ist. Das zweyte
Glied ist eine goldene in 8 Enden ausgehende Flam=
me, in dessen Mitte sich eine roth emaillirte Lilie
zeiget. Das dritte bestehet aus dem goldenen Buch=
staben H, welcher des Stifters Henrici Namen

C 2   andeu=

andeutet, und deswegen mit einer Königlichen Crone bedecket, und mit Feuerflammen umgeben ist.

Diese Glieder sind unter sich mit kleinen goldenen Ketten verbunden, und machen die Ordens-Kette in folgender Ordnung aus; daß erst die Armaturen, denn eine rothe Lilie, darauf des Stifters Name, denn wieder eine Lilie, auf welche die Armaturen wieder folgen, gesetzt werde. Ueber dies führen die Ritter noch auf der linken Brust ein mit Silber gesticktes, in 8 Spitzen ausgehendes Creutz, mit silbernen Knöpfen auf den Spitzen. Auf dem Creutz ist eine silberne erhabene gestickte Taube, wie im Ordens-Zeichen selbsten, nebst 4 silbernen Lilien in den Winkeln des Creutzes zu sehen.

Bey vorfallenden Solennitäten, tragen die Ritter ausser dem Unterkleid, welches nebst den Beinkleidern weiß ist, noch einen langen schwarz sammtnen Mantel mit Orangefarbenen Atlas gefüttert, welcher überall mit goldenen Flammen gestickt, und mit einer Einfassung von goldenen Lilien und silbernen Zweifels-Knoten umgeben ist: Ueber dieß führen sie noch einen ganz kurzen Mantel von grünem Drap d'argent, welcher überall mit silbergestickten Tauben besetzt, und gleichfalls mit orangefarbenem Atlas gefüttert ist. Die Ordens-Devise ist: *Benoist St. Esprit.*

VIII.

ITTER VON DEM BERG CARMEL
UND St. LAZARUS.
Chevalier de l'Ordre de Nre Dame
del Mont Carmel et de St Lazare.

VIII.
Von dem Orden
U. L. Frau vom Berg Carmel
und
St. Lazarus von Jerusalem
in Frankreich.

Gestiftet im Jahr Christi 1607.

Um ein Merkmahl von seiner Frömmigkeit und Andacht gegen die Heil. Jungfrau Maria zu geben, stiftete Heinrich IV. König in Frankreich diesen Orden U. L. F. vom Berg Carmel. Er schrieb an seinen Gesandten nach Rom, um von dem Pabst Paulo V. die Errichtung dieses Ordens und seine Bestättigung durch Apostolische Gewalt zu erhalten; welches ihme denn auch der Pabst durch eine Bulle vom 16ten des Hornungs im Jahr 1607. bewilligte, wodurch er diesem Herrn Macht gab, den Groß=meister dieses Ordens zu ernennen, welcher so viel Ritter machen könnte, als es ihm gut dünken würde. Er erlaubte diesen Rittern, unter andern ihnen er=theilten Freyheiten, sich zu verheyrathen, und nach dem Tod ihrer ersten Gemahlinnen zur zweyten Vermählung zu schreiten, auch so gar eine Wittwe zu heyrathen 2c.

C 3　　　　　Da

Da der König im Heumonate des 1608. Jahres dieſen neuen Orden U. L. Frauen vom Berg Carmel mit Einkünften verſehen wollte: ſo hob er durch ſeine offene Briefe das Amt eines Grosmeiſters des Ordens des Heil. Lazarus auf, und ſchlug alle Comthureyen, Prioreyen und Pfründen, welche dieſem Orden zugehörten, und von deſſen Großmeiſter konnten vergeben werden, zu dem Orden U. L. Frauen vom Berg Carmel.

Es war alſo nicht der neue Orden, welcher mit dem Lazarus-Orden vereiniget ward; ſondern der Orden des Heil Lazarus wurde mit dem Orden U. L. Frauen vom Berg Carmel vereiniget.

Zu dieſem Ende gab der König die Würde eines Großmeiſters dieſer vereinigten Orden, Philiberten von Nereſtang, ſeinem Kammerherrn, welcher vor dem Großmeiſter vom Orden des Heil. Lazarus geweſen war. Dieſer legte in die Hände Sr. Majeſtät den Eid ab. Seine Beſtellungs-Briefe gaben ihm den Titel eines Großmeiſters von dem Orden U. L. Frauen vom Berg Carmel und des Heil Lazarus von Jeruſalem. Und in dieſer Qualität wurden die ihm folgende Großmeiſter erkannt und confirmirt. Carl Achilles von Nereſtang, wurde im Jahr 1645. von dem König Ludwig XIV. ebenfalls damit verſehen, und durch

eine

eine Bulle des Pabsts Innocentii X. in dieser Würde bestättiget, und seit der Zeit nahmen die Großmeister und Ritter den Namen der Ritter u. L.
Frauen vom Berg Carmel und des Heil. Johannis von Jerusalem an.

Das Ordens-Zeichen ist ein goldenes achtspitziges auf einer Seite von Amaranthen-Farb emaillirtes Creutz, in dessen Mitte auf einer goldenen
Platte die Heil. Jungfrau Maria zu sehen ist: auf
der andern Seite, welche grün emaillirt, ist solches
mit dem Bildniß des Heil. Lazarus in der Mitten
gezieret. Jede Spitze hat ein goldenes Knöpfgen,
und zwischen einem jeden Winkel des Creutzes sind
4 goldene Lilien. Dieses wird von den Rittern an
einem amaranthfärbigten Band von der rechten
Schulter nach der linken Hüfte zu hängend, getragen. Die dienenden Brüder aber tragen solches an
einer Kette ohne Band.

Bis zu der Zeit der Großmeisterschaft des Mar-
quis von Dangeau, welcher von dem Könige Ludwig XIV. zu dieser Würde 1695. ernannt wurde,
hatten die Ritter keine besondere Ordens-Kleidung.
Dieser verordnete und unterschied solche nach dem
Rang der Ritter.

Des Großmeisters seine besteht in einer Dalmatica von silbernem Stücke, über welche er einen
C 4   langen

langen Mantel von Amaranthfarbigtem Sammte trägt, welcher mit goldenen Lilien, Namens-Zügen und Sieges-Zeichen, die ebenfalls mit Gold und Silber gestickt sind, besäet ist. Die Namens-Züge stellen den Namen Maria mitten zwischen 2 Cronen vor.

Die Kleidung der Ritter bestehet aus einer Dalmatica von weissem Satine, auf welcher sich ein Creutz von der Höhe und Breite der Dalmatica befindet, das grün und braun getheilet ist; und darüber haben sie einen langen Mantel von Amaranth-farbigtem Sammte, auf dessen linker Seite ein castanienbraunes Creutz gestickt ist, in dessen Mitte das Bildniß der Heil. Jungfrau stehet. Sie tragen insgesammt ein Baret von schwarzem Sammte, mit schwarzen Federn, und einem kleinen weissen Reigerbusch.

Ob man gleich die Wappen der meisten von diesen Rittern mit einer Ordens-Kette umgeben siehet: so tragen sie dergleichen bey Ceremonien doch nicht; indeme diese Ordens-Kette von dem König noch nicht gebilliget worden. Sie ist von Gold, und bestehet aus Namens-Zügen, welche den Namen der Heil. Jungfrau, durch die beyden ineinander geflochtenen Buchstaben *M A*, andeuten.

Die

Die Ritter versammlen sich gemeiniglich bey den Carmelitern *aux Bilettes*: Das Ordens-Fest aber begehen sie in der Kirche zu *St. Germain des Prez*, woselbsten sie sich insgesammt im Ceremonien-Kleide einfinden.

Die Ritter, sowohl geistliche als weltliche Personen zahlen für ihren Eintritt in den Orden 1000 Livres, und die Caplane und dienende Brüder 500.

IX. Von

IX.

Von dem Orden
des
Heiligen Ludwigs
in Frankreich.

Gestiftet im Jahr Christi 1693.

Heinrich III. König in Frankreich, suchte schon
die Tapferkeit und Verdienste seiner Officiers
und Soldaten zu belohnen: weßwegen er nicht nur
einen Orden von der Christlichen Liebe gestiftet, sondern auch ein Spital zur Unterhaltung alter und
presthafter Soldaten erbauen ließ. Diejenigen, welche in diesen Orden aufgenommen wurden, trugen
auf ihrem Mantel ein ankerförmiges von weissem
Satin gesticktes Creuß, mit einer blauseidenen Einfassung, in dessen Mitte eine Raute von blauem
Taffet, in welchem eine goldene Lilie gestickt zu
sehen war; um das Creuß giengen die Worte: *Pour
avoir bien servi.*

Allein weder dieser Prinz, noch Heinrich der
IV. wie nicht weniger Ludwig XIII. konnten dieses Vorhaben zu seiner Vollkommenheit bringen,
obwohlen letzterer, laut eines 1633. publicirten Pa-
tens,

TER DES H.LUDWIGS
Chevalier de St.Louis.

tens, eine Gesellschaft von Rittern, unter dem Namen einer Commenthurey von St. Louis errichten wollte. Es schien für Ludwig XIV. vorbehalten gewesen zu seyn, dieses wichtige Vorhaben auszuführen: indeme selbiger nicht nur für die presthafte Soldaten und Officiers ein prächtiges Spital, welches das Invaliden-Haus genennet wird, erbauen ließ, sondern auch die Treue und Tapferkeit seiner Officiers mit einem äusserlichen Ehren-Zeichen begnadigte. Zu welchem Ende er dann diesen militarischen Orden, unter dem Namen des Heil. Ludwigs im Jahr 1693. aufrichtete, und mit ansehnlichen Einkünften versah.

Das Ordens-Zeichen ist ein achtspitziges goldenes weiß emaillirtes Creutz, in der Mitte desselben ein rundes roth emaillirtes Schild ist, worauf auf einer Seite das Bildniß des Heil. Ludwigs in goldenem Harnisch und königlichem Mantel zu sehen, welcher in der rechten Hand einen Lorbeer-Kranz, in der linken aber eine Dornen-Crone hält. Umher ist ein blauer Circul, worauf mit goldenen Buchstaben die Schrift stehet: *Ludovicus Magnus instituit* 1693. Auf der andern Seite ist auf dem rothen Mittel-Schild ein gold-flammendes Schwerdt, mit einem grünen Lorbeer-Kranz, so mit einem weissen Band gebunden, zu sehen, mit der in einem blauen

Circul

Circul stehenden Beyschrift: *Bellicæ virtutis precium.* In den Winkeln des Creutzes sind 4 goldene Lilien zu sehen.

Dieß Creutz tragen die Ritter an einem feuerfarbenen, 2 Finger breiten Band auf der Brust hängend. Ueber dem tragen die sogenannten Grands Croix noch auf der linken Brust und Mantel ein silbern gesticktes Creutz mit goldenen Lilien in den Winkeln: in der Mitte ist es eben gestickt, wie das Ordens-Zeichen emaillirt ist, welches letztere von ihnen nicht auf der Brust, sondern an einem breiten rothen Band, von der linken Schulter nach der rechten Hüfte zu abhängend, getragen wird. Die Commenthurer tragen es gleichfalls an einem solchen Band, aber keinen Stern auf der Brust.

Der König in Frankreich ist allezeit Großmeister dieses Ordens; dann bestehet selbiger aus 8 Grands-Croix und 24 Commenthurern. Die Anzahl der Ritter aber ist nicht bestimmt, indem es bey dem Könige stehet, selbige zu vermehren. Niemand kann diesen Orden überkommen, als der sich im Krieg sonderlich wohl gehalten, und dem König wenigstens 10 Jahre gedienet hat.

X. Von

Königl. Franz. Orden.

RITTER DES   H. MICHAELS
Chevalier de   St. Michel

X.

Von dem Orden
des
Heiligen Michaels,
in Frankreich.
Gestiftet im Jahr Christi 1469.

Jm Jahr 1469. stiftete Ludwig XI. nach der
Willens-Verordnung seines Vaters, Carl VII.
im 9ten Jahr seiner Regierung diesen Orden zu
Amboise. Allein, es kam hernach derselbe sehr
ins Abnehmen, bis er mit dem von Heinrich III.
im Jahr 1574. errichteten Heil. Geist-Orden vereiniget worden; zwar nur in so weit, daß alle Ritter
des Heil. Geist-Ordens, auch zugleich Ritter des
St. Michaels-Orden seyn sollten; deswegen sie auch
um ihre Stamm-Wappen beyde Ordens-Ketten
hängend führen dörfen, und *Chevaliers des Ordres
du Roi* genannt werden.

Das Ordens-Zeichen ist ein goldenes achtspitziges unemaillirtes Creutz mit einem weissen Rande,
in dessen Mitte ein rothes weiß emaillirtes Schild,
worauf der Erzengel Michael mit dem Drachen zu
sehen,

ſehen, welcher in einer Hand ein Schwerdt, in der
andern die Kette hält, mit der Umſchrift: *Immenſi
tremor Oceani.* Auf den Spitzen des Creutzes ſind
8 goldene Knöpfe, und in den 4 Winkeln des Creutzes, ſind 4 goldene Lilien zu ſehen.

Dieſes Creutz wird von den Rittern an einem
handbreiten rothen Band über der rechten Achſel
auf der linken Hüfte hängend getragen. Bey Solennitäten aber tragen ſie ſolches an einer gewun-
denen goldenen Kette, welche mit Muſcheln beſetzt
iſt. Ueberdem tragen die Ritter auf der linken
Bruſt ein mit Gold geſticktes viereckigtes Creutz mit
ſtumpfen Ecken, in deſſen oberſten und unterſten Ende der Buchſtabe P zur rechten, zur linken aber der
Buchſtabe F mit Gold geſtickt iſt. In der Mitte iſt
ein goldenes Mittelſchild, worauf der Engel Michael
mit dem Drachen, wie im Ordens-Zeichen, geſtickt
zu ſehen, in der linken Hand einen blauen Schild
mit den goldenen Buchſtaben L. R. in der rechten
ein Schwerdt haltend. Zu den Winkeln des Creutzes ſind goldene Donner-Keule zu ſehen.

Heinrich II. als er zur Regierung kam, verordnete derſelbe bey der erſten Stifts-Verſammlung
dieſes Ordens, welche er im Jahr 1548. zu Lion
hielte, daß die Ritter dieſes Ordens hinkünftig über
dem ſchwarzen Kleid einen Mantel von Leinwand
mit

Silber durchgewirket tragen sollten, welcher an bey=
den Seiten und unten herum mit des Königs Devi=
se gestickt seyn sollte, nemlich mit 3 Monden von
Silber, mit dazwischen geflochtenen Ehren=oder
Sieges=Zeichen, und zerstreut gestickten Zungen und
Feuerflammen. Die Mütze, welche eben dergleichen
Stickwerk bekleidet, sollte von Cramoisin=Sammte
seyn. Der Mantel des Canzlers aber solite von
weissem Sammte, und die Mütze von Cramoisin=
Sammte seyn. Der Ceremonienmeister, Schatz=
meister, Registrator und Herold, tragen einen Man=
tel von weisser Seide, und eben dergleichen Mütze.

Die Ritter dieses Ordens können auch Prote=
stantischer Religion seyn, und werden mit demselben
auch Gelehrte und große Künstler beehret.

XI.

Von dem

St. Jacobs=Orden

in Spanien.

Gestiftet im Jahr Christi 1175.

Dieser Ritter=Orden soll nach einiger Meinung von Ramiro, ersten Könige in Gallicien, im Jahr Christi 846. gestiftet worden seyn: nachdem selbiger einen herrlichen Sieg über die Mauren bey Logronon erhalten, bey welchem über 70000 auf der Wahlstatt geblieben; weil man den glücklichen Erfolg dem Beystand des Heil. Apostels Jacobs zueignete, den man in dem Treffen fechten gesehen, wo er in einer Hand eine weisse Fahne gehabt, auf welcher ein rothes Schwerdt in Gestalt eines Creutzes gewesen.

Dieses machte, daß dieser Herr für die Edelleute, welche in dieser Schlacht gefochten, eine Bruderschaft unter dem Titul des Heil. Jacobs stiftete, welcher er ein rothes Schwerdt im goldenen Feld, mit dieser Umschrift: *Rubet ensis sanguine Arabum*, (roth ist das Schwerdt vom Blute der Araber) zum Wappen gab. Sie setzen hinzu, diese Bruderschaft sey nach der Zeit von den Päbsten zu einem Ritter=

Orden

RITTER VON **SANCT IACOB.**
Chevalier de *Saint Jacques.*

Orden gemacht worden. Man darf aber, um diese Meinung zu zernichten, nur auf das Wappen acht haben, welches man diesem Orden gleich im Anfang seiner Errichtung giebt, wodurch dessen Falschheit klärlich bemerket wird. Denn die Wappen waren erst nach dem zehnten oder eilften Jahrhunderte im Gebrauche.

Andere, welches auch glaublicher, setzen seinen Ursprung um das Jahr 1170. unter der Regierung Ferdinands II. Königs in Gallicien und Leon an.

Die Gelegenheit dazu gaben die Streifereyen der Mauren, welche die Andacht der Pilgrimme stöhreten, die nach Compostell giengen, das Grab des Heil. Jacobs zu besuchen.

Die regulirten Chorherren St. Augustini, von St. Eligius, welche ein Kloster in dem Königreiche Gallicien hatten, baueten von ihren ansehnlichen Einkünften 2 Hospitäler auf dem Wege, den man insgemein den Französischen Weg nannte, um die Pilgrimme darinne zu beherbergen.

Nicht lange darnach nahmen 13 Edelleute, nach ihrem Beyspiele, eben diesen Apostel zu ihrem Beschützer an, und verbanden sich durch ein Gelübde, die Wege wider die Streifereyen der Ungläubigen zu verwahren und zu sichern.

D   Sie

Sie eröfneten ihren Vorsatz diesen Chorherren zu St. Eligius, und thaten ihnen den Vorschlag, zusammen zu tretten, die Einkünfte des Klosters, und das, was sie hatten, und in Zukunft vermittelst derjenigen, die sich zu ihnen gesellen wollten, erhalten würden, in Gemeinschaft zu geben. Weil diese Ritter bereits über 20 Schlösser besassen; so machten die Chorherren keine Schwürigkeit, diese Vereinigung einzugehen, und wurden mit der Zeit diesen Rittern untergeben, deren Capläne sie nun sind.

Diese Vereinigung geschah im Jahr 1170. und 1175. wurde dieser neue Orden vom Pabst Alexander III. unter seinem ersten Großmeister Dom Ferdinand von Fuentes Encalada, bestättiget.

Das Ordens-Zeichen ist ein goldenes schwarzförmiges roth emaillirtes Creutz, welches die Ritter an einem rothen Band auf der Brust tragen: und das Ceremonien-Kleid bestehet in einem langen weissen Mantel mit einem dergleichen rothen Creutz.

Dieser Pabst Alexander machte den Rittern dieses Ordens einige Verordnungen, und erlaubte ihnen unter andern, sich zu verheyrathen. Er richtete die Würden dieses Ordens ein, worunter die Beträchtlichste nach des Großmeisters seiner, die

Würde

Würde der Dreyzehner ist, in ihrer Sprache *los Trezes* genannt, welche vor allen andern Comthuren den Vortritt haben. Die zweyte Würde ist des Groß-Priors seine, welche mit den Chorherren verbunden ist, und die dritte ist die Würde eines Groß-Comthurs.

Ehe die Großmeisterschaft auf immer mit der Crone Spanien vereiniget wurde, (welches in dem Jahr 1523. vom Pabst Adrian VI. geschehen ist) so erwählten die Ritter ihren Großmeister, und konnten ihn absetzen.

Kayser Carl V. als König in Spanien, setzte auch einen Rath, den er den Ordens-Rath nannte, und welcher jetzo gleichsam der General Superior nicht allein von dem Orden des Heil. Jacobs, sondern auch von dem Orden von Calatrava und Alcantara ist. Dieser sollte aus einem Präsidenten und 6 Rittern, 2 von einem jeden Orden, bestehen, welche aber eben die Macht und Gewalt haben, die der König über diese Orden als beständiger Administrator, sowohl in dem was die weltliche, als was die kirchliche Gerichtsbarkeit betrift, wenn sie nur nicht bloß geistlich ist, haben kann.

Die Macht dieses Tribunals erstreckte sich über 2 Städte, 220 Flecken, und 75 Dorfschaften,

worun-

worunter 2 Städte und 178 sowohl Flecken, als Dörfer sind, die dem Orden des Heil. Jacobs zugehören: und ist dieser Orden wohl einer der reichsten, indem er 84 Comthureyen hat, worunter 3 grosse sind, als die Groß=Comthurey von Castilien, von Leon, und Montaluan in Arragonien. Diese 84 Comthureyen haben 230000 Ducaten Einkünfte, ausser 200 Prioreyen, Pfarren und andern blossen Pfründen. Ferner wird dieser Orden in 4 Provinzen eingetheilet, als Castilien, Leon, Alt=Castilien und Arragonien.

Die Ritter thun jetzo nur das Gelübde der Armuth, des Gehorsams, und der ehelichen Keuschheit, zu welchem sie noch das vierte hinzu setzen, die unbefleckte Empfängniß der Heil. Jungfrau Maria zu vertheidigen.

Wenn man zu einem Ritter dieses Ordens aufgenommen werden will; so muß man seinen Adel durch 4 Geschlechte, sowohl von vätterlicher als mütterlicher Seite beweisen: und obgleich vorzeiten der Adel von mütterlicher Seite nicht erfordert ward, so ist er dennoch jetzo nöthig, nachdem es im Jahr 1653. in dem General=Capitel verordnet worden.

Die Novizen sind verbunden 6 Monat lang auf den Galeeren zu dienen, und einen Monat lang

in

in einem Kloster zu bleiben, um daselbst die Regel zu lernen.

Die Anzahl der Ritter belauft sich ungefehr auf 600 und haben die Freyheit bey dem Capitel vor dem König sich mit bedecktem Haupt zu setzen. Wenn ein Ritter dieses Ordens stirbt, so ist der Comthur von der nächsten Comthurey an der Wohnung des Ritters gehalten, ausser den ordentlichen Gebethen einen Armen 40 Tage lang zu ernähren.

Es wird dieser Orden auch vornehmen Frauensperfonen conferiret, welche sich aber nicht verheyrathen dörfen.

XII.

Von dem Orden

des

Blauen Hosenbands,

in Engeland.

Gestiftet im Jahr Christi 1350.

Dieser Orden, welcher ohne allen Zweifel für einen der vornehmsten in der Welt zu halten, ist im Jahr 1350. von dem Könige Eduardo III. gestiftet worden.

Das Ordens-Zeichen ist ein rundes goldenes Schild, worauf der Ritter George in goldenem Harnisch zu Pferd, eine goldene Lanze in der Hand haltend, und mit dem Lindwurm zu seinen Füssen zu sehen; auswendig herum gehet ein blau emaillirter Circul mit einem schmalen goldenen Rande und einer goldenen Schnalle, worauf die Ordens-Devise: *Honi soit, qui mal y pense*, mit goldenen Buchstaben zu lesen ist.

Dies Ordens-Zeichen tragen die Ritter an einem blau gewässerten Band über der linken Schulter nach der rechten Hüfte zu hängend. Bey Solennitäten

Kön. Engl. Orden.

Koni soit qui   mal y pense

RITTER   DES
HOSEN-   BANDS
Chevalier de la   Jarretiere

lennitäten aber müssen sie dasselbe an der Ordens=
Kette um den Hals auf der Brust hängend tragen.
Diese Kette soll allezeit von Gold seyn, und muß
32 Unzen, und nicht mehr wiegen. Sie bestehet
aus zweyerley Gliedern: das erste ist eine roth email=
lirte Rose, um welche ein blau emaillirtes Hosen=
band geschlungen, worauf mit goldenen Buchstaben
die Ordens=Devise zu lesen. Das zweyte ist von
diesem weiter nicht unterschieden, als daß nur die
in der Mitte stehende Rose weiß emaillirt ist, zwi=
schen jedem von diesen Gliedern befindet sich ein gol=
dener Zweifels=Knoten, wodurch die Glieder anein=
ander verbunden, und an der Mitte desselben der
Heil. George auf einem weissen Pferd sitzend, und
den Lindwurm mit einer Lanze tödtend, herab hän=
get. Dieses Bild ist auch mit Diamanten und an=
dern kostbaren Steinen besetzt.

Den Habit belangend, so bestehet selbiger in
einem weissen Unterkleid und weissen Strümpfen,
welche bis auf die Mitte der Schenkel herauf ge=
hen, und in einer Jarretiere oder Knieband, als
von welchem der Orden seinen Namen führet. Es
ist von himmelblauer Farbe, mit Gold bordirt,
und in der Mitte desselben die Ordens=Devise von
Gold gestickt. Die Ritter sind verbunden, es täg=
lich um das linke Knie zu tragen. Ferner, ein
Oberkleid

56

Oberkleid von Cramoisin, mit weisser Seide oder
Stoff gefüttert, welches bis an die Waden gehet,
und über demselben ein Wehrgehänge, welches auch
von Cramoisin-Farbe ist. Ueber dies tragen sie
noch einen weiten und grossen Mantel von himmelblauem Sammet, welcher um den Hals mit 2
grossen von weisser Seide und Gold gestickten Rundschnüren befestiget ist. Diese Schnüren sind wegen
ihrer Länge, um der Bequemlichkeit willen, in der
Mitte als ein Knoten zusammen gebunden. Hinten
an dem Mantel haben sie eine Capuze von Cramoisin, welche ihnen über den Rücken hängt. Auf der
linken Seite dieses Mantels und Oberkleides haben
die Ritter noch einen achtspitzigen mit Strahlen
gestickten silbernen Stern, dessen Mittelspitzen länger sind als die Eckspitzen. In der Mitte dieses
Sterns ist ein rundes viereckigtes Creutz mit stumpfen Ecken auf Silber gestickt, aus dessen Ecken
Silber-Strahlen hervor gehen. Umher ist ein blaues
geschlungenes Hosenband mit der Ordens-Devise
von Gold gestickt zu lesen. Auf dem Haupte tragen
sie einen etwas hohen Hut von schwarzem Sammte,
welcher mit einer Schnur von kostbaren Steinen,
wie auch mit einer weissen und schwarzen Feder
darauf, gezieret ist.

Endlich ist noch zu merken, daß der König als
Großmeister dieses Ordens noch über dieß alles über
seinem

seinem Oberkleid ein langes rothes Band, welches
ihm von der rechten Schulter nach der linken Hüfte
zu hängt, träget.

Dieser berühmte Orden hat seine eigene Officianten, als den Prälaten des Hosenbandes,
(welches allezeit der Bischof von Winchester ist)
den Canzler, (welches der Bischof von Salisbury
ist) einen Registratoren, einen Wappen-König,
welcher Gorter genannt wird, und welcher die
Aufsicht über die Ceremonien bey den Solennitäten
der Ritter und ihren Installationen hat.

Das Capitul wird alle Jahre am Tage des H.
Georgii, welches der 23te April ist, und zwar auf
dem Schlosse und in der Capelle zu Windsor, so
von dem König Eduardo zu diesem Ende erbauet
worden, gehalten, und die Ernennung der Ritter
kommt allein dem Könige zu.

XIII.

XIII.

Von dem
Orden des Bades
in Engeland.

Gestiftet im Jahr Christi 1725.

König Heinrich IV. stiftete diesen Orden im Jahr 1399. er ist aber gleich andern bald in das Abnehmen gerathen, weßhalben ihn König Georgius I. im Jahr 1725. wieder erneuert, 36 Ritter davon creiret, auch dieselben in der Abtey Westmünster mit grossen Solennitäten installiret, und den Herzog von Montague zum Großmeister davon ernennet hat.

Das Ordens-Zeichen ist ein goldenes blau emaillirtes Schild, worauf 3 mit einem Bande zusammen verbundene goldene Kayser-Cronen zu sehen, nebst der auf einem rothen Circul mit goldenen Buchstaben umherstehenden Ordens-Devise: *Tria juncta in uno.*

Dieses Ordens-Zeichen tragen die Ritter an einem handbreiten rothen gewässerten Bande, von der rechten Schulter nach der linken Hüfte zu abhängend. Ueberdem tragen die Ritter auf der linken Brust einen achtspitzigen, mit Strahlen gestickten silbernen Stern, dessen 4 Mittelspitzen länger sind,

Königl. Englische Orden.

RITTER DES BAD
Chevalier du Bain.

sind, als die Eckspitzen. In der Mitte des Sterns sind in einem blauen Felde die drey oben berührte goldene Kayserliche Cronen, und in einem rothen Circul, umher stehende erwehnte Devise.

Das Ordens-Kleid ist cramoisinroth, mit weiß gefüttert und ausgeschlagen.

Bey Solennitäten tragen die Ritter noch einen Ponceau-rothen Mantel, welcher weiß gefüttert ist, und mit 2 goldenen Rundschnüren oben zusammen geknüpfet wird: auf welchem das Ordens-Zeichen auf der linken Seite gestickt ist. Die Beinkleider, Strümpfe und Schuhe sind weiß, die Sporn von Gold, und dann aus einem etwas hohen Hut, mit einer weissen Plume.

Der gelehrte Redius giebt eine hinlängliche und weitläuftige Beschreibung von diesem Orden, in Ansehung dessen Alterthums, als auch der Ceremonien, welche vor und bey der Installation der Ritter beobachtet worden. Schoonebeck, und andere mit ihme, wollen aus angezogenen Urkunden den Ursprung dieses Ordens nicht von Heinrich IV. herleiten, sondern setzen denselben in ältere Zeiten hinaus, und behaupten, daß sowohl in Frankreich, als Italien, von alten Zeiten her schon Ritter vom Bad ernennet worden seyen.

XIV.

60

XIV.

Von dem

Distel = Orden
in Schottland.

Gestiftet im Jahr Christi 1542.

Dieser Orden ist vom Könige Jacobo V. in Schottland im Jahr 1542. gestiftet worden: und ob derselbe gleich nachhero fast gänzlich verloschen, so ist er doch wieder erneuert worden; wie dann Se. Königl. Maj. Georg II. in Engeland in dem Jahr 1742. Dero Gesandten an dem Preussischen Hofe, Lord Hindfort, damit begnadiget haben.

Das Ordens = Zeichen ist ein goldenes rundes Schild, auf welchem der Heil. Andreas in blauer Kleidung, ein weisses Burgundisches Creutz vor sich haltend, emaillirt zu sehen ist.

Dieses wird von den Rittern an einem handbreiten dunkelgrün gewässerten Band über der linken Schulter nach der rechten Hüfte zu abhängend getragen. Ueberdem führen dieselben noch auf der linken Brust einen achtspitzigen mit Strahlen gestickten silbernen Stern, dessen 4 Eckspitzen stumpfe Ende haben, und ein Burgundisches Creutz vorstellen.

Königl. Englisch. Orden.

Nemo me im   pune lacesti

RITTER VON DER DISTEL
Chevalier   *du Chardon.*

len. In der Mitte dieses Sterns ist eine goldene Circul-Fläche, worauf eine grüne gestickte Distel mit blauer Blüthe zu sehen, welche auf jeder Seite mit einem grünen Blatt umgeben ist. Umher stehet in einem grünen Circul die Ordens-Devise mit goldenen Buchstaben: *Nemo me impune lacessit.*

XV. Von

XV.

Von dem

Orden Christi

in Portugal.

Gestiftet im Jahr Christi 1319.

Dieser Orden ist eigentlich aus dem Orden der Tempel-Herren entstanden, ungefehr ums Jahr 1319. welcher alle dem Tempel-Orden zugehörige Güter behalten, und sich verbinden müssen, wider die Mohren zu kriegen. Die Spanischen *Historici* melden, daß diese Ritter auf 454 Comthureyen, auch *Decimas Ecclesiasticas* von allen Ländern und Oertern, welche der Cron Portugal unterworfen seyn, auch bis in beyderseits Indien hinaus, haben. Zu denen Comthureyen gelangen die Ritter nicht eher, als bis sie eine militärische Probe in den Afrikanischen Festungen von Portugall abgeleget. Ihr Ordens-Sitz ist zu Tomar zwischen Lisabon und Coimbra gelegen.

Das Ordens-Zeichen ist ein rothes viereckigtes, und in demselben ein weisses Creutz. Dieses tragen die Ritter an einer goldenen dreyfachen Kette um

den

Kön. Portugiesc. Orden.

RITTER ✠ CHRISTI
Chevalier de Christ.

den Hals, auf der Brust. Ueber dies tragen sie einen schwarzen Mantel mit Hermelin ausgeschlagen, darauf bemeldtes rothes Creutz aufgenähet zu sehen.

Wegen ihres grossen Reichthums ist der König von Portugall ihr Oberhaupt.

Die Ordens-Devise ist: *Christiana Militia.*

XVI.

XVI.

Von dem
Orden von Avis,
in Portugall.

Gestiftet im Jahr Christi 1147.

Als in dem Jahr 1147. Don Ferdinand Mon-
teyro bey der Belagerung Lisabons, wider die
Mohren, mit seinen Truppen ausserordentliche Pro-
ben der Tapferkeit an den Tag legte; so errichtete
dessen Bruder, König Alphonsus I. König in Portugall, zum Zeichen seiner Erkenntlichkeit diesen militarischen Orden, und ernannte in bemeldtem Jahr
Don Ferdinand zum Großmeister desselben.   Es
wurde den Rittern auferlegt den Regeln St. Benedicti zu folgen, vermöge desselben sie die Keuschheit
und den Gehorsam, zuvörderst aber die Beschützung
der Catholischen Religion und Lande wider die Mohren angeloben musten.

Nach der Errichtung dieses Ordens giengen
einige Jahre vorbey, da sich die Ritter desselben keinen andern Namen gaben, als die neue Miliz: weil
sie noch keinen gewissen Sitz hatten, davon sie sich
nennen konnten. Im Jahr 1166. wurde von ihnen
Evora

Königl. Portugesische Orden.

RITTER   VON AVIS.
Chevalier   *d'Avis.*

Evora erobert, in welcher Stadt der König ihnen das Königliche Palais einräumte, und befahl, sich von diesem Orte zu nennen.

Als darauf von der Crone Portugall beschlossen wurde, in der Gegend Santara eine Vestung wider die Mohren anzulegen, welche der König den Rittern von Evora hernach auch zu ihrem Sitz überliesse, und der Großmeister nebst einigen Rittern sich dahin begab, die Gegend in Augenschein zu nehmen, so solle der Großmeister (nach der Erzehlung *Roderic Mendez de Silva*) 2 Adler auf einer Eiche gesehen haben, welches sie für ein gutes Zeichen hielten, die Gegend Avis genennet, und darauf eine trefliche Festung 1184. erbauet, und sich von diesem Ort *Chevaliers d'Avis* genennet haben. Der König Alphonsus gab ihnen zum Ordens-Zeichen einen kurzen weissen Mantel von Tuch, auf dessen linker Seite ein grünes, mit einer schmalen goldenen Einfassung geziertes Lilien-förmiges Creutz gestickt zu sehen ist. Er erlaubte ihnen auch, ein dergleichen Creutz von Gold auf der Brust um den Hals hängend zu tragen, und einen schwarzen Habit.

Es sollte dieser Orden ehedessen mit dem Orden von Calatrava in Spanien vereiniget werden, welches zwar auch geschahe, allein auf nicht gar zu lange Zeit; denn im XV. Seculo trenneten sich die

E   Portu-

Portugiesen wieder von den Spaniern, und blieben in einem besondern Orden, wie sie sich dann noch heutiges Tages befinden, und unter der Großmeisterschaft ihrer Könige stehen.

Von der Zeit der Errichtung dieses Ordens, ernannten die *Chevaliers* bey einer General-Versammlung allezeit ihre Großmeister aus ihrem Mittel, deren XX. aufeinander folgten. Hernach gelangten durch die Autorität des Päbstlichen Stuhls 6 Prinzen vom Königlichen Hause nacheinander zu dieser Würde; bis auf den König Joannem III. welcher im Jahr 1521. sich die Großmeisterschaft dieses Ordens zueignete, und diese Würde auf beständig mit der Crone vereinigte.

XVII.

Kön. Schwed. Orden.

RITTER DES SERAPHIN ORDEN
Chevalier de l'Ordre de Seraphin.

XVII.

Von dem

Seraphinen-Orden

in Schweden.

Gestiftet im Jahr Christi 1334.

Magnus III. König in Schweden, stiftete im
Jahr 1334. diesen Orden. Das Ordens-Zeichen bestehet aus einem achtspitzigen von Gold emaillirten Creutz, in dessen 4 Winkeln 4 roth incarnat
emaillirte Seraphinen zu sehen, in dessen Mitte eine
blau emaillirte Medaille hängt, in welcher der
Name JESU von Gold, mit 4 von weiß und schwarz
emaillirten Nägeln der Passion zu sehen ist. Dieses
tragen die Ritter an einer doppelten Ordens-Kette
von Gold um den Hals; welche aus zweyerley Gliedern bestehet, nemlich einem Seraphin von Gold,
und einem mit einer goldenen Einfassung incarnat-
roth-emaillirten Patriarchen-Creutz, welche wechselsweise miteinander verbunden sind. Ueber dieß
tragen sie noch auf der linken Brust und Mantel
einen achtspitzigen Stern, in dessen Mitte oben
beschriebene Medaille, und in den 4 Ecken des Sterns
4 Seraphinen zu sehen sind.

E 2

Ihr

Ihr Habit bestehet in einer weissen schwarz bordirten Spanischen Kleidung und kurzen Mantel, nebst einem unaufgekrämpten schwarz sammtnen Hut, mit 2 weissen grossen Federn oder Plume gezieret.

Die Ordens-Devise ist: *Jesus Hominum Salvator.*

XVIII.

Königl. Schwedische, Orden.

RITTER DES SCHWERDS
Chevalier   des Epeés.

XVIII.

Von dem
Schwerdt-Orden
in Schweden.

Die Geschichtschreiber, welche von diesem Orden reden, bezeichnen das Jahr nicht, in welchem dieser Orden errichtet worden. Einige setzen zum Urheber desselben *Gustavum* I. König in Schweden.

Das Ordens-Zeichen bestehet aus einem blossen Degen, welcher an 10 creutzweis übereinander gelegten blossen Degen hänget.

Dieses Ordens-Zeichen tragen die Ritter an einem rothen Band um den Hals, auf der Brust hängend.

Es ist dieser Orden nur hohen Generalspersonen und Officiers conferirt worden.

Wegen der Institution dieses Ordens, ist das mehrere bey *Giustiniani*, *Favin* und *Heliot* beliebig nachzusehen.

XIX.

XIX.

Von dem weissen

Elephanten-Orden

in Dännemark.

Gestiftet im Jahr Christi 1190.

Dieser berühmte Ritter-Orden ist nebst dem vom
blauen Hosenband, vor einen der ansehnlichsten zu halten. Canutus IV. als er im Jahr 1190.
in eigener Person wider die Heiden zoge, stiftete
denselben, und im Jahr 1458. ist er von Christiano
I. erneuert worden. Die Ordens-Kette bestunde
vormals aus goldenen wechselsweise aneinander gesetzten Elephanten und Ankercreutzen, woran unten
das Bildniß Mariä mit dem Jesus-Kind auf dem
Arm, und um und um mit Strahlen umgeben,
hienge. Allein das Ordens-Zeichen sowohl als die
Kette ist nachgehends ganz verändert worden, und
bestehet solches anjetzo aus einem goldenen weiß emaillirten Elephanten, mit einem goldenen Rüssel und
Zähnen: Dieser stehet auf einem grün emaillirten
Stück Erde: Auf dem Rücken trägt er einen goldenen Thurn oder Castell mit Schiesscharten, welches oben und unten mit einer Reihe von Diamanten

RITTER DES ELEPHANTEN
Chevalier de l'Elephant.

ten beseßt ist; unter diesem Thurn liegt auf dem
Elephanten ein kleines Creuß, welches aus 5 zusammen gesetzten Diamanten bestehet; auf dem Genicke
des Elephanten aber sitzt ein kleiner schwarz emaillirter Mohr, welcher einen goldenen Spies in der
Hand hält.

Dieses Ordens-Zeichen, welches an einem gedoppelten goldenen Ring hängt, tragen die Ritter
an einem handbreit himmelblau gewässerten Band
von der linken Schulter nach der rechten Hüfte zu
abhängend: Bey solennen Festen aber tragen sie
dasselbe an der großen Ordens-Kette, um den Hals
auf der Brust hängend. Diese Kette bestehet aus
zweyerley Gliedern, welche wechselsweise aneinander
gefüget, und mit kleinen goldenen Ketten unter sich
verbunden sind. Das erste Glied stellet einen goldenen weiß emaillirten Elephanten mit goldenem
Rüssel und Zähnen auf einem grünen Rasen vor.
Das andere ist ein goldener Thurm oder Castell mit
Schießscharten, an welchen 2 verbundenen Gliedern
vorbeschriebenes Ordens-Zeichen hänget.

Ferner tragen die Ritter dieses Ordens noch
auf der linken Brust einen achtspißigen mit Strahlen gestickten silbernen Stern, dessen 4 Seitenspitzen
länger sind, als die Eckspitzen: in der Mitte desselben ist eine Ponceau-farbne sammtne Circul-Fläche,

E 4   worauf

worauf ein silbergesticktes Creutz, dessen unterstes
Ende etwas länger als die 3 übrigen ist, zu sehen
ist. Umher ist ein silberner Circul, worauf ein silberner Lorbeerkranz mit goldenen Borden oben und
unten zusammen gebunden ist. Dieser Circul ist
mit einer silbernen Rundschnur umgeben.

Den Ceremonien-Habit betreffend, so bestehet
solcher in einem grossen von Cramoisin-Sammet
und weissem Satin gefütterten langen Mantel, dessen Schleppe 2 Ellen lang, und woran hinten eine
Capuze angeheftet ist. Die Rundschnüren, welche
den Mantel zusammen halten, sind von Silber und
rother Seide gewirkt. Das Wammes und Beinkleider von weissem Satin, und die Strümpfe Per-
lenfarb. Auf der linken Seite des Mantels tragen
sie auch oben beschriebenen Stern, und einen schwarz
sammtnen Hut, mit einem Bouquet von roth und
weissen Federn.

Das, was den König in dem Habit unterschei-
det, ist, daß dessen Hut mit weissen Federn und
einer schwarzen Reiger-Feder gezieret, auch sein
Mantel mit Hermelin gefüttert ist.

Niemand kann diesen Orden bekommen, er habe
dann schon einige Zeit vorhero den Orden vom weissen Band oder Dannenbrogs-Orden getragen.

Die Ordens-Devise ist: *Magnanimi pretium.*

XX. Von

Königl. Dänische. Orden.

Pietati et Justitiæ

RITTER VON DANNEBROG.
Chevalier de Dannebrock.

XX.

Von dem

Dannenbrogs=Orden
in Dännemark.

Gestiftet im Jahr Christi 1219.

König Waldemarus II. stiftete diesen Ritter=Or=
den im Jahr 1219. weilen damals bey einem
wider die unglaubigen Liesländer von ihme gehal=
tenen Treffen, ein rothes Panier mit einem weissen
Creutz vom Himmel gefallen seyn soll. Allein, es
ist dieser Orden sehr in das Abnehmen gerathen,
weßhalben König Christianus V. bey Gelegenheit
der Geburt seines Prinzen Friederichs, im Jahr
1612. denselben wieder erneuert, und das Ordens
Zeichen verbessert hat.

Dieses ist ein goldenes viereckigtes Creutz, des=
sen unteres Ende etwas länger, als die übrige,
und weiß emaillirt ist, mit einem schmalen rothen
Rand umgeben, und Creutzweis mit 11 Diaman=
ten besetzt.

Dieses Ordens=Zeichen wird von den Rittern
an einem gedoppelten goldenen Ring hängend, an
einem

einem breiten weissen gewässerten Band, welches eine
schmale rothe Einfassung hat, über der rechten
Schulter nach der linken Hüfte zu hängend getragen: bey Solennitäten aber müssen sie solches an
der gewöhnlichen Ordens-Kette auf der Brust hängend tragen.

Diese Kette bestehet aus 3 aneinander gesetzten
Gliedern. Das erste ist ein goldenes mit einer Crone bedecktes *W*, welches den Namen des Stifters
Waldemari andeutet. Das zweyte Glied ist ein
goldenes mit einer Königlichen Crone bedecktes *C*,
in dessen Mitte eine 5 steht, und den Namen Chri-
stiani V. als des Erneurers dieses Ordens, anzeiget. Das dritte bestehet aus einem goldenen weiß
emaillirten Creutz, mit einer schmalen rothen Einfassung. Diese dreyerley Glieder sind wechselsweise
also aneinander gefügt, daß erstlich das *W*, hernach
das *C*, alsdann ein Creutz, hernach das *C*, dann
wieder ein Creutz 2c. nacheinander folgen: welche
Glieder alle mit kleinen goldenen Ketten untereinander verbunden sind.

Ueber dem tragen die Ritter dieses Ordens noch
auf der rechten Brust einen achtspitzigen mit Strahlen gestickten silbernen Stern, dessen 4 Eckspitzen
länger sind als die 4 Mittelspitzen. Auf diesem
Stern ist ein silbernes Creutz mit stumpfen Ecken,
und

und einer schmalen rothen Einfaſſung, deſſen unter⸗
ſtes Ende länger iſt, als die übrige, und bis unten
aus dem Stern heraus gehet, an ſtatt der unterſten
Spitze des Sterns, ſo daß derſelbe eigentlich nur 7
Spitzen hat. Auf dem Creutz iſt in der Mitte der
Buchſtabe *C* mit einer 5 in der Mitte, und eine
Königliche Crone darüber von Gold zu ſehen, nebſt
der Beyſchrift mit goldenen Buchſtaben: *Reſtitutor*,
ſo daß in dem rechten Ende des Creutzes, *Re*, oben
ſti, zur linken *tu*, und unten *tor*, zu leſen iſt.

Die Ordens⸗Deviſe iſt: *Pietati & Juſtitiæ.*

Es wird dieſer Orden auch geringen Standes⸗
perſonen vom Adel, ingleichem Gelehrten conferi⸗
ret; da hingegen in den Elephanten⸗Orden nur die
vornehmſten Standesperſonen aufgenommen wer⸗
den. Ein jeder Ritter dieſes Ordens hat ſeinen
eigenen Ceremonien⸗Meiſter und Secretarium.

XXI.

Von dem Orden
de la
Fidelité
in Dännemark.
Gestiftet im Jahr Christi 1732.

Dieser Orden wurde im Jahr 1732. den 7ten
August von der Königinn Sophia Magda-
lena zum Andenken ihrer am 7ten August geschehenen Vermählung, gestiftet.

Das Ordens-Zeichen ist ein goldenes viereckigtes weiß emaillirtes Creutz, dessen 4 Ecken mit 4
Königlichen Cronen bedeckt sind.

In der Mitte des Creutzes ist eine blaue emaillirte Platte, worauf mit goldenen Buchstaben der
Königin Name *en Chiffre*, mit einer Königlichen
Crone bedeckt, zu sehen ist. In den 4 Winkeln des
Creutzes stehen wechselsweise der Preußische Adler
und der Nordische Löwe. Auf der andern Seite
aber stehet die Inscription: *In felicissimæ unionis
memoriam.*

Dieses Ordens-Creutz wird von den Rittern an
einem zwey Finger breiten himmelblauen gewässerten
Band mit einer silbernen Einfassung um den Hals
auf der Brust hängend getragen.

XXII.

Königl. Dänischer Orden.

In felicissim... ...utriusque Mon...

RITTER   DE LA
FIDE   LITE
Chevalier de   la Fidelité

Kön. Polnr. Orden.

Pro Fide

Rege et Lege

RITTER DES
WEISSEN ADLERS.
Chevalier de l'Aigle blanche.

XXII.

Von dem Orden
des
Weiſſen Adlers
in Pohlen.
Geſtiftet im Jahr Chriſti 1325.

Im Jahr 1325. iſt dieſer Orden bereits vom Könige *Uladislao Loctico* geſtiftet worden. Es
war derſelbe von ſchlechtem Anſehen, und derge-
ſtalt in kurzer Zeit in das Abnehmen gerathen, daß
man dieſerhalb in denen Pohlniſchen *Autoribus* wenig oder faſt gar nichts findet.

Allein, der letztverſtorbene König in Pohlen
Auguſtus II. hat im Jahr 1705. dieſen Orden fol-
gendergeſtalt erneuert:

Das Ordens-Zeichen iſt ein goldenes in acht
Spitzen ausgehendes durchſichtig emaillirtes und mit
einer erhobenen weiß emaillirten Einfaſſung umge-
benes Creutz, auf welchem der Pohlniſche Adler
weiß emaillirt in erhobener Arbeit zu ſehen iſt. Dieſer hat einen goldenen Schnabel und Klauen, und
führet auf dem Kopf eine goldene Königliche mit
Diaman-

78

Diamanten reich besetzte Crone. In den Winkeln des Creutzes sind 4 goldene mit Diamanten besetzte Feuerflammen, welche sich oben in eine Spitze verliehren; zwischen den Spitzen des Creutzes sind noch kleine goldene Ecken mit Diamanten besetzt. Auf den 8 Spitzen des Creutzes ruhen 8 grosse Diamanten. Dieses Creutz, welches an 2 goldenen mit Diamanten reich besetzten Ringen hänget, tragen die Ritter an einem breiten himmelblau gewässerten Band von der rechten Schulter nach der linken Hüfte zu abhangend. Auf der linken Brust und Mantel tragen die Ritter einen achtspitzigen mit Strahlen gestickten goldenen Stern, dessen 4 Mittelspitzen länger sind als die Eckspitzen. Auf demselben ist ein mit Silber erhobenes gesticktes Creutz mit stumpfen Ecken und einer schmalen rothen Einfassung; auf dem Creutz ist mit goldenen Buchstaben gestickt, die Ordens-Devise: *Pro Fide, Rege & Lege*, zu lesen. Aus den 4 Winkeln des Creutzes gehen 4 mit Silber gestickte Feuerflammen hervor, welche mit einer schmalen rothen Einfassung umgeben, und mit gestickten Diamanten von Glanz-Silber besetzt sind. Die Ritter dieses Ordens führen um ihr Stamm-Wappen ein herumhangendes blaues Band, woran unten das Ordens-Creutz hänget.

Das Ordens-Kleid, welches ihnen schon von dem ersten Stifter gegeben worden, bestehet in einem blauen

blauen mit weiſſem Stoff gefütterten Mantel, auf
welchem der weiſſe Adler geſtickt war, an deſſen
ſtatt dieſelben jetzo oben beſchriebenen goldenen
Stern tragen. Unter dieſem tragen ſie noch einen
langen Ponceau = rothen Rock von weiſſem Stoff
gefüttert, nebſt einer Mütze von Ponceau = Sammet.

XXIII.

XXIII.

Von dem Orden des Schwarzen Adlers in Preussen.

Gestiftet im Jahr Christi 1701.

Dieser bekannte und berühmte Orden ist von Sr. Königl. Maj. in Preussen, Friederich I. den Tag vor Dero Krönung, nemlich den 17ten Jan. 1701, zu Königsberg in Preussen aufgerichtet, und an demselben Tag der Ritterschlag vollzogen worden, damit die Ritter des folgenden Tages in ihrer Ordens-Kleidung die Crönung desto ansehnlicher machen möchten.

Das Ordens-Zeichen ist ein goldenes achtspitziges blau emaillirtes Creutz, in dessen Mitte ein kleines goldenes Plättlein, worauf die Buchstaben *F. R.* als des hohen Stifters Name, schwarz emaillirt zu lesen sind. In den 4 Winkeln des Creutzes sind 4 goldene schwarz emaillirte Adler mit ausgebreiteten Flügeln, goldenen Königlichen Cronen auf den Köpfen, goldenen Schnäbeln und Klauen zu sehen.

Dieses

Kön. Preuſſ. Orden.

Suum   cuiqᵉ

RITTER DES SCHW.ADLERS
Chevalier de l'Aigle Noir.

Dieses wird von den Rittern an einem Orange-farbenen Band von der linken Schulter nach der rechten Hüfte zu abhängend getragen. Bey Solennitäten aber, da die Ritter in dem völligen Ordens-Habit erscheinen, tragen dieselben dieses Creutz an der grossen Ordens-Kette um den Hals auf der Brust hängend.

Diese Ordens-Kette bestehet aus zweyerley Gliedern, welche wechselsweise mit kleinen goldenen Ketten aneinander gefügt sind. Das erste Glied ist ein goldener schwarz emaillirter Adler mit nieder-hängenden Flügeln, goldenen Schnäbeln und Klauen, gleichsam fliegend vorgestellt, welcher in den Klauen von Gold gearbeitetes Feuer und Donner-keule hält.

Das andere Glied ist ein goldenes himmelblau emaillirtes rundes Schild, auf welchem die Buchstaben *F. R. Fridericus Rex*, viermal schwarz emaillirt zu lesen, und zwar so, daß immer 2 *F.* mit dem Rücken gegeneinander sehen, und dazwischen ein *R.* stehet. In der Mitte dieses Schildes ist noch ein kleines rundes Schildlein, worauf schwarz emaillirt die Ordens-Devise: *Suum cuique*, zu lesen ist. Ueber dem Namen des Königs ist jedesmal ausserhalb der ganzen *Chiffre* eine Königliche Crone, und das ganze Schild ist mit einem goldenen

F

Rand

Rand eingefaſſet. Ueber dem tragen die Ritter noch
auf der linken Bruſt einen achtſpitzigen mit Strahlen geſtickten ſilbernen Stern, deſſen 4 Mittelſpitzen
länger ſind als die Eckſpitzen: in der Mitte deſſel-
ben iſt eine Orange-farbene Circul-Fläche, worauf
ein ſchwarzer geſtickter Adler mit goldenem Schnabel und Klauen, und niederhangenden Flügeln,
doch fliegend, vorgeſtellet iſt, der auf dem Kopf
eine Königliche Crone trägt, und in der rechten
Klaue einen grünen Lorbeerkranz, in der linken aber
Feuer und Donnerkeule hält.

Um dieſes Schild iſt noch ein ganz ſilberner
Circul, auf welchem unten 2 creutzweis gelegte grüne Lorbeer-Zweige mit rothen Beeren zu ſehen,
welche mit goldenen Schnüren zuſammen gebunden.
Oben drüber ſtehet mit goldenen Buchſtaben die
ſchon erwehnte Ordens-Deviſe: *Suum cuique.*
Beyde Circul ſind mit ſilbernem gewundenem Drat
von einander unterſchieden.

Bey Solennitäten beſtehet das ganze Ordens-
Kleid aus einer himmelblau ſammtenen Weſte mit
langen Ermeln, darüber hängt ein langer rother
incarnat-farbener ſammtner Mantel mit goldenen
vorn herunter hangenden Rundſchnüren und Bom-
meln, welcher innwendig mit blauem Moir gefüttert
iſt. Ueber der Weſte hängt das gelbe Ordens-
Band;

Band; auf der linken Seite des Sterns ist der Ordens-Stern angeheftet. Ueber dem Mantel tragen
die Ritter die grosse Ordens-Kette, und auf dem
Kopf einen schwarzen sammtnen Hut, welcher mit
einer hohen weissen Plume und einer Agraffe von
Diamanten gezieret ist, um den Hut aber gehet
noch eine Schnur von Diamanten.

Endlich führen die Ritter noch einen besondern
Ordens-Degen mit einem runden Kopf, ohne Bügel, in Gestalt eines Schwerdts.

Alle Ritter tragen einerley Ordens-Kleidung,
ausser daß der Fürstlichen Personen Ordens-Män-
tel viel längere Schleppen haben. Des regierenden
Königs in Preussen Maiestät sind allezeit Großmeister dieses Ordens, und die Prinzen des Königlichen
Hauses sind gebohrne Ritter desselben.

Die Ritter haben alle den Rang eines Königlichen General-Lieutenants, und haben die Freyheit,
die grosse Ordens-Kette um ihr Stamm-Wappen
hängend zu führen.

XXIV.
Von dem Orden
du Merite
in Preuſſen.
Geſtiftet im Jahr Chriſti 1740.

Dieſer Orden iſt von Sr. Königl. Majeſtät in Preuſſen Friderico II. im Jahr 1740. geſtiftet worden.

Das Ordens-Zeichen iſt ein goldenes achtſpitziges blau emaillirtes Creutz, in deſſen oberſten Ende der Buchſtabe *F* mit einer Königlichen Crone zu ſehen iſt. In den 3 andern Enden ſtehet mit goldenen Buchſtaben die Ordens-Deviſe: *Pour le merite*, und zwar ſo, daß in dem Ende zur Rechten das Wort *Pour*, in dem zur Linken *le Me-*, und in dem untern *rite* geſetzet iſt.

In den 4 Winkeln des Creutzes ſind 4 goldene Adler mit ausgebreiteten Flügeln zu ſehen.

Dieſes Ordens-Zeichen tragen die Ritter an einem 2 Finger breiten ſchwarzen Band, mit einer ſchmalen ſilbernen Einfaſſung, um den Hals, auf der Bruſt hängend.

XXV.

König. Preußisch. Order.

Königl. Preuſſ. Orden.

RITTER   DE LA
GENE=   =ROSITE.
Chevalier   *de la Gene=*
rosi-   *-té.*

XXV.
Von dem Orden
de la
Generosité
in Preussen.
Gestiftet im Jahr Christi 1685.

Dieser Orden ist im Jahr 1685. von Sr. Königl. Maj. Friderich I. als er noch Chur-Prinz war, aufgerichtet worden.

Das Ordens-Zeichen ist ein goldnes achtspitziges himmelblau emaillirtes Creutz, in dessen obersten Ende der güldene Buchstabe *F* mit einem emaillirten Chur-Hut darüber zu sehen; in denen andern 3 Enden stehet mit goldenen Buchstaben: *Gene- rosi- té.*

In den Winkeln des Creutzes sind goldene Adler mit ausgebreiteten Flügeln zu sehen.

Dieses Creutz tragen die Ritter an einem 2 Finger breiten schwarz gewässerten Band um den Hals auf der Brust hängend.

XXVI.

XXVI.

Von dem Orden

der

Verkündigung Mariä,

in Savoyen.

Gestiftet im Jahr Christi 1434.

Die Geschichtschreiber sind in Beschreibung dieses
Ordens, des Stifters und der Bewegursachen
der Fundation desselben nicht ganz und gar einig.
Einige setzen zum Urheber desselben Amadeum VI.
Comte von Savoyen, und zwar um das Jahr 1360.
Caprè, welcher ein Verzeichniß der Großmeister
und *Chevaliers* dieses Ordens heraus gegeben, und
die Einsetzung desselben in das Jahr 1362. setzet,
sagt hievon also: Daß der Graf Amadeus durch ein
Testament die Fundation dieses Ordens wohl ange=
ordnet habe, welche Verordnung von seiner hinter=
lassenen Gemahlin *Bonne de Bourbon* vollzogen
worden, da selbige als Gouvernantin von Bugey
ein Kloster für die Carthäuser erbauen ließ, und
woselbsten die Ritter dieses Ordens im Jahr 1410.
ihre erste Versammlung hielten. Dem sey nun wie
ihm wolle, so ist gewiß, daß der Enkel des *Comte*
Vert,

RITTER VON DER
ANNONCIATA
Chevalier de l'Annonciation

87

Vert, *Amadeus* VIII. erster Herzog von Savoyen, diesen Orden fest gesetzt, das Ordens-Zeichen und Kette geändert, und ihme den Namen von der Verkündigung Mariä gegeben.

Das Ordens-Zeichen ist ein weiß emaillirtes Oval-Schildlein mit einer goldenen Einfassung, worauf mit bunten Farben der Euglische Gruß emaillirt zu sehen ist. Um dieses Schildlein gehen zu beyden Seiten und unten zweymal geschlungene goldene Schnüren herum. Dieses hängt an einem Band, welches in Form eines Bracelets von Gold gearbeitet, und aus dreyerley aneinander vereinigten Gliedern bestehet.

Das erste, und zwar das mittlere, woran das Ordens-Zeichen hängt, ist eine weiß emaillirte Rose; das zweyte eine zweymal durcheinander geschlungene goldene Schnur, welches sie *Lacs d'amour* nennten, dann wieder einer solchen Schnur, worinnen die 4 Buchstaben *F. E. R. T.* gesetzt seyn sollen, und die Ordens-Devise ist: *Fortitudo Ejus Rhodum Tenuit.* Das dritte Glied ist eine roth emaillirte Rose. Dies Ordens-Band tragen die Ritter um den Hals auf der Brust.

Der Ordens-Habit bestehet in einer Spanischen Kleidung, über welcher die Ritter einen Mantel

von

von Amaranth = Farb tragen. Dieser Mantel ist von himmelblauem Moir gefüttert, und vorn zu beyden Seiten herunter mit Rosen, einer geschlungenen Schnur, dann wieder eine Rose wechselsweise von Gold gestickt. Auf dem Haupt tragen sie einen schwarz sammtnen Hut mit einer weissen Plume. Die Absätze an ihren Schuen sind roth, wie auch die Laschen an denselben mit rothem Tuch gefüttert sind.

Die Herzoge von Savoyen sind allezeit Groß= meister dieses Ordens, und die Ritter desselben haben ihren Sitz zu Turin.

XXVII.

Königl. Neapolitan. Orden.

In Sanguine Foedus

RITTER DES H. IANUARII
Chevalier de St. Janvier

XXVII.
Von dem Orden
des
Heiligen Januarii
zu Neapolis.

Geſtiftet im Jahr Chriſti 1738.

Dieſer Orden iſt im Jahr 1738. den 3ten Jun. von Carolo dem König beyder Sicilien geſtiftet, und die Anzahl der Ritter ungefehr auf 60 geſetzt worden. Das Ordens-Zeichen iſt ein goldenes achtſpitziges weiß emaillirtes Creutz, in deſſen Mitte der Heil. Januarius als Patron dieſes Ordens in Biſchöflichem Habit zu ſehen, in der linken Hand ein aufgeſchlagen Buch, darauf eine Flaſche mit dem berühmten Blut dieſes Heil. Märtyrers ſtehet, in der rechten Hand aber einen Biſchofs-Stab haltend; in den 4 Winkeln des Creutzes präſentiren ſich 4 goldene Lilien.

Dieſes Creutz tragen die Ritter an einem handbreiten fleiſchfarbenen gewäſſerten Band, über der rechten Schulter nach der linken Hüfte zu hängend. Ueber dem tragen die Ritter dieſes Ordens noch einen achtſpitzigen, mit Strahlen geſtickten ſilbernen Stern auf der linken Bruſt, deſſen 4 Mittelſpitzen

F 5   länger

länger sind als die Eckspitzen. Auf diesem Stern
ist ein viereckigtes silbernes Creutz mit einer goldenen
Einfassung, darauf mit goldenen Buchstaben die
Ordens-Devise: *In sanguine fœdus*, zu lesen, und
zwar so gesetzt, daß in dem Ende zur rechten: *In
san-* oben, *gui-* zur linken: *ne fœ-* und unten: *dus,*
steht. In den 4 Winkeln des Creutzes präsentiren
sich 4 mit Gold gestickte Lilien. Bey vorfallenden
Solennitäten tragen die Ritter einen purpurfarbenen
moirnen Mantel, welcher über und über mit goldenen Lilien gestickt, mit perlenfarbenen Tafft gefüttert, und auf Hermelin Art mit schwarzen Flecken
besetzt ist, nebst 2 langen herunterhängenden Schnüren von Seide und Gold. Sie tragen auch einen
schwarz sammtenen Hut, mit einer weissen Feder.
Die Ordens-Kleidung, sowohl der Rock als Weste,
bestehet aus Drap d'argent mit weissem Grund.
Auf dem Rock sowohl als auf der linken Seite des
Mantels ist der Ordens-Stern angeheftet.

D. Chur-

Chur-Bayer. Orden.

RITTER DES H. GEORGII
Chevalier de St. George.

D. Churfürstliche Ritter-Orden.

XXVIII.

Von dem Orden

des

Heil. Ritters und Martyrers

Georgii,

in Chur-Bayern.

Gestiftet im Jahr Christi 1729.

Dieser Orden, dessen Ritter auch sonst Beschützer der unbefleckten Empfängniß *B. V.*
Mariä genennt werden, hat bereits vor vielen Jah-
ren in Bayern florirt; wie sich dann die Ritter desselben schon bey denen ehemaligen Creutz-Zügen viel
Ruhm erworben; er ist aber nach der Zeit sehr ins
Abnehmen gerathen, bis er endlich 1729. den 24ten
October von Jhro Churfürstl. Durchl. und glorwür-
digsten Kayserl. Majestät in Bayern, Carolo Al-
berto, 3 Jahr nach Antritt Dero Churfürstl. Regierung erneuert, und mit Päbstlicher Confirmation zu
München in der Collegial Stifts-und Frauen-
Kirche solenniter aufgerichtet worden.

Das

Das Ordens-Zeichen ist ein goldenes achtspitziges himmelblau mit einer weissen Einfassung emaillirtes Creutz, mit einem von einem goldenen Rand erhobnen goldnen Mittelschild, worauf in erhobner Arbeit zu sehen die Heil. Mutter Gottes, auf einem aufwärts stehenden Mond in Wolken stehend, und die Hände empor haltend; ihr Haupt ist mit 5 Sternen umgeben, und unter dem Mond liegt eine Schlange, deren Kopf sie mit dem rechten Fuß zertritt: in den 4 Winkeln des Creutzes sind 4 himmelblaue mit einem weissen Rand umgebene emaillirte Rauten, auf welchen die 4 goldenen Buchstaben stehen: *V. I. B. I. Virgini Immaculatæ Bavaria Immaculata.* Auf den 8 Spitzen des Creutzes und auf den Rauten ruhen so viel goldne Knöpfe.

Die andere Seite des Ordens-Zeichens ist eigentlich der St. Georgen-Orden, welcher ein achtspitziges roth emaillirtes weiß eingefaßtes Creutz vorstellet, in dessen Mitte auf einer Circul-Fläche der Ritter George zu sehen; in denen in den 4 Winkeln des Creutzes stehenden Rauten sind die 4 goldenen Buchstaben *I. V. P. F.* welche heissen: *Iustus ut Palma florebit,* zu lesen. Auf den Enden sind gleichfalls die goldenen Knöpfe zu sehen.

Dieses Creutz hängt an einem goldnen Bügel an einem goldnen Löwenkopf, und wird bey So-

lennitäten

lennitäten an der grossen Ordens-Kette um den
Hals auf der Brust getragen. Diese Ordens-Kette
bestehet aus dreyerley Gliedern, welche wechselsweise aneinander gefügt sind. Das erste ist ein goldenes *Rectangulum*, worauf erhobene Buchstaben
zu sehen, welche auf der ganzen Ordens-Kette die
Worte ausmachen: *In Fide*, *Justitia & Forti-
tudine*. Auswendig an der langen Seite des *Rec-
tanguli* sind goldene Feuerflammen, an den 2 kür-
zern Seiten roth emaillirte Fürsten-Hüte. Das
andere Glied stellet 2 aneinander stossende quadrirte
Rauten vor, welche blau und weiß emaillirt, und
mit goldnem Laubwerk auswendig gezieret sind.
Das dritte bestehet aus 2 gegeneinander auf goldnem Erdreich stehenden doppeltschwänzigen goldnen
Löwen, zwischen welchen eine goldne Säule mit
einem Reichsapfel darauf zu sehen, welche sie mit
der einen Klaue halten, und in der andern einen
blossen Säbel führen. Diese Glieder folgen in dieser
Ordnung aufeinander: Erstlich die Löwen, dann die
Rauten, alsdann das *Rectangulum*, dann wieder
die Rauten, hernach die Löwen, u. s. w. Ausser
den Solennitäten tragen die Ritter dieses Creutz an
einem breiten himmelblau gewässerten Band, welches am Ende mit einem durchgehenden weissen, und
neben demselben innwärts zu mit einem dunkelblau-
en Streif gezieret ist.

Die

Die *Grands - Croix* tragen über dies noch auf
der linken Brust ein himmelblaues achtspitziges mit
einer silbernen Einfassung gesticktes Creutz, in dessen
Mitte eine silberne erhobene Circul-Fläche, mit
einem rothen Creutz zu sehen. In den Winkeln sind
4 wechselsweis blau und Silber quadrirte Rauten.

Der Ordens-Habit bestehet 1) aus einem aufgeschlagenen Streit-Kleid von silbernen Glacè, mit
Ponceau-Sammet gefüttert. 2) Ein Ponceau-
sammtenes Wehrgehäng mit Silber gestickt. 3)
Ein himmelblau sammtenes Scapulaire mit einer
silbernen Bordure. 4) Ponceau-sammtne Beinkleider. 5) Weisse Schuh mit rothen Absätzen, mit
roth und silbernen Rosen. 6) Der Ordens-Mantel von himmelblauem Sammet, mit silberner Bordure und silbernen Glacè gefüttert. 7) Eine Spa-
nische Peruque. 8) Einen schwarzen Hut mit einer
vorn aufgeschlagenen Krempe, woran ein Schmuck
von Edelsteinen. Der Hut ist mit roth und weissen
Federn wechselsweis umgeben. Auf dem Ordens-
Mantel ist der Stern angeheftet, und über dem
Mantel wird die Ordens-Kette getragen.

Die Ordens-*Insignia* werden also getragen:
Der Großmeister, Groß-Priores und Groß-Commenthurer tragen auf der linken Brust den Stern
und das Creutz an einem dergleichen breiten Band
über

über die rechte Schulter nach der linken Hüfte herab
hängend. Die Commenthurer den Stern auf der
linken Brust, und das Creutz an einem schmälern
Band um den Hals auf der Brust. Die blossen
Ritter aber tragen den Stern nicht, sondern nur
das Creutz, aber kleiner, an einem dergleichen schmälern Band um den Hals auf der Brust hängend.

Der Großmeister dieses Ordens ist jederzeit
der regierende Churfürst von Bayern selbsten, nach
diesem folgen 3 Groß-Priores, deren 2 Dignitä-
ten denen eheleiblichen Churfürstlichen Prinzen, die
dritte aber dem jedesmaligen ältesten Prinzen der
vorhandenen Herzogl. Bayrischen Cadetten-Linie ge-
bühret, und bey Ermanglung der Prinzen vaciren.
Nach diesen theilt sich der Orden in 3 Classen. 1)
Sind die Groß-Commenthurer, derer *quoad nume-
rum fixum* 6 sind, und aus derer Mittel der Gros-
Canzler ist. 2) Die Commenthuren, deren 12 und
aus ihrem Mittel der Ordens-Schatzmeister und
Ceremoniarius sind. 3) Die Ritter, deren gesetzte
Zahl sich auf 24 erstrecket. Endlich ist bey dem
Orden ein Ordens-Secretarius, Cassier und ein
Garderobbe bestellt.

XXIX.

Von dem Orden

des

Heiligen Huberti

in dem Herzogthum Jülich.

Gestiftet im Jahr Christi 1444.

Nach dem Tode Reinbold III. Herzogen von Jülich und Geldern, gelangte im Jahr 1423. Adolph II. Herzog von Berg, zur Succession, und empfieng 1425. von Kayser Sigismundo die Investitur über diese Herzogthümer. Allein Arnold von Egmont, welcher einen Anspruch daran hatte, wollte sich dieser Herzogthümer bemächtigen, und fiel deswegen mit seinen Truppen in Jülich ein. Herzog Adolph gieng mit ihm einen Vergleich und Waffenstillstand auf 10 Jahr ein, vermöge dieses Vertrags er. ersterm das Herzogthum Jülich auf immer und ewig abtrat, und für seine andere Prätensionen noch 10000 Gulden zahlte. Herzog Adolph gieng indessen ohne Erben mit Tod ab, und sein Vetter, Gerhard V. succedirte ihm in dem Herzogthum Jülich 1437.

Arnold

Chur Pfaltz. Orden.

Zu frau .... nalt

RITTER DES H. HUBERT.
Chevalier de St. Hubert.

Arnold von Egmont fieng aufs neue an seine
Ansprüche auf dieses Herzogthum zu machen, und
gieng deswegen im Jahr 1444. mit einer Armee
in dieses Herzogthum; Allein er wurde von Herzog
Gerhard glücklich in die Flucht geschlagen, und
letzterer erhielt in diesem nemlichen Jahr am Tage
des Heil. Huberti einen vollkommenen Sieg über
ihn. Zum Andenken dieses erhaltenen Sieges stiftete also Herzog Gerhard diesen Orden noch in diesem benannten Jahre 1444.

Das Ordens-Zeichen ist ein goldenes achtspitziges roth emaillirtes Creutz, mit goldenen Knöpfen
auf den Spitzen. In der Mitte ist ein goldener
Schild, worauf ein grüner Busch emaillirt, aus
welchem ein Hirsch halb zu sehen, welcher zwischen
denen Geweyhen ein rothes Creutz hat; vor ihm ist
der Heil. Hubertus kniend zu sehen, mit einem goldenen Schein um den Kopf; umher siehet in einem
rothen Circul mit goldenen Buchstaben die Gothi-
sche Schrift: *In trau vast*; welches heisset: In der
Treue vest. Aus den Winkeln des Creutzes gehen
drey goldene Strahlen. Dieses Creutz wird von den
Rittern ausser den Ceremonien und Solennitäten
über ihrer ordinairen Kleidung an einem handbreiten Ponceau-farbnen gewässerten Band, mit gelber
Bordure über der linken Achsel nach der rechten

G   Hüfte

Hüfte zu hängend getragen. Bey Solennitäten aber
tragen sie solches über dem Ceremonien-Kleid, welches in schwarz Spanischer Kleidung besteht, an
einer goldenen Kette um den Hals. Ueber dieses
tragen die Ritter noch auf der linken Brust, sowohl
auf ihrer ordinairen als Ceremonien-Kleidung,
einen achtspitzigen mit Strahlen matt gestickten silbernen Stern, dessen 4 Mittelspitzen länger sind,
als die Eckspitzen: auf dem Stern liegt ein mit Silber gesticktes, und mit Glanz-Gold durchwirktes
viereckigtes Creutz mit goldener Einfassung, und goldenen Knöpfen auf denen Ecken. In der Mitte des
Sterns ist eine Ponceau-farb sammtene Circul-Fläche, worauf mit Gothischen Buchstaben schon erwehnte Schrift und Ordens-Devise: *In trau vast,*
zu lesen ist. Umher ist ein goldener gewundener
Circul.

Es wurde dieser Orden auch der Orden vom
Horn genennet, weilen die Ritter damals eine Kette
von Jagdhörnern trugen. Er ist aber nach der Zeit
ganz in das Abnehmen gerathen, bis ihn der vori-
ge Churfürst von der Pfalz Philipp Wilhelm bey
Ueberkommung der Obern Pfalz im Jahr 1709. erneuert, und sich selbst zum Großmeister desselben ernennet hat.

Erz-Bischöffl. Salzburge Orden.

RITTER   DES
HEIL.   RUPERTI
Chevalier de   *St. Rupert.*

E. Erzbischöffliche Ritter-Orden.

XXX.

Von dem Orden

des

Heiligen Ruperti

in Salzburg.

Gestiftet im Jahr Christi 1701.

Dieser Orden wurde von dem Erzbischoffe von Salzburg, Johann Ernst, Grafen von Thun, im Jahr 1701. dem Heil. Ruperto als Stifter und erstem Bischoffe von Salzburg zu Ehren errichtet.

Das Ordens-Zeichen ist ein viereckigtes goldenes ankerförmiges, weiß emaillirtes Creutz, mit einer goldenen Einfassung, in dessen Mittelschild im blauen Felde, auf einer Seite das Bildniß des Heil. Ruperti, auf der andern Seite aber die goldenen geschlungenen Buchstaben, *I. E.* gleichfalls in einem blauen Feld, zu sehen. Ueber diesem Schild ruhet ein Fürsten-Hut.

Dieses Creutz tragen die Ritter an einem Violet-farbenen Band, um den Hals auf der Brust hängend.

G 2   Dieser

Dieser Prälat, als er von Kayser Leopoldo die Confirmation dieses Ordens erhielte, creirte noch in benanntem Jahr den 15ten November 12 Ritter dieses Ordens, welche er dazu aus den vornehmsten adelichen Personen dieses Staats genommen. Die Ceremonie geschah in der neu erbauten Heil. Dreyfaltigkeits - Kirche, und er conferirte jedem Ritter beschriebenes Ordens - Zeichen, welche Ceremonie sodann mit einem prächtigen Tractament und vielen Freudensbezeugungen beschlossen wurde.

F. Fürst:

Fürstl. Burgundl. Orden.

Autre n'auray

RITTER DES GULDENEN VLIES
Chevallier de la Toison d'or.

F. Fürstliche Ritter-Orden.

XXXI.

Von dem Orden

des

Guldenen Vliesses.

Gestiftet im Jahr Christi 1429.

Es ist dieser vornehme und berühmte Orden im Jahr 1429. den 10ten Januar von **Philippo Bono**, damaligen Herzogen von Bugund und Braband, gestiftet worden. Die damaligen Herzoge von Burgund, und nach ihnen die Könige von Spanien sind Großmeister dieses Ordens. Das Ordens-Zeichen ist ein goldenes hängendes Widder-Fell, über welchem ein Feuerstein, welcher mit goldenen Flammen umgeben ist.

Dieses Ordens-Zeichen wird von den Rittern an einem Ponceau-farbenen 2 Finger breiten gewässerten Band um den Hals auf der Brust getragen: bey Solennitäten aber wird solches an einer grossen goldenen Ordens-Kette hängend auf der Brust getragen.

G 3   Diese

Diefe Ordens=Kette beftehet aus zweyerley Gliedern, welche wechselsweife aneinander gefügt find. Das erfte Glied ftellet einen goldenen Feuer= ftein vor, welcher mit goldenen Flammen umgeben. Das andere präfentiret 2 zufammen gefetzte Feuer= ftahle, welche von Gold gearbeitet find. Anfänglich muften die Ritter diefe Ordens=Kette täglich tragen; doch Kayfer Carl V. überhob fie diefer Mühe.

Das Ordens=Kleid beftehet aus einem langen Mantel und Mütze, welche von Cramoifin=Sam= met, und mit weiffem Atlas gefüttert find. Der Mantel ift bordirt mit dem Ordens=Zeichen, ncm= lich in Feuerfteinen und Flammen beftehend, und das Unterkleid ift von weiffer Seide. Es wurden anfänglich nur 25 Ritter ernennet, nachmals aber hat Kayfer Carl V. die Anzahl derfelben erweitert. Diefer Orden ift mit Recht für einen der vornehm= ften und anfehnlichften in der Welt zu halten, wie er dann von den gröften Kayfern und Königen felbft getragen wird.

XXXII.

Groß Herzog, Florentinisch, Orden.

...TTER DES   H. STEPHAN
...hevalier de   St. Estienne

XXXII.

Von dem Orden

des

Heiligen Stephani
zu Florenz.

Gestiftet im Jahr Christi 1561.

Cosmus der Grosse, aus dem Hause derer von Medicis, erster Groß-Herzog von Toscana, stiftete im Jahr 1561. dem Pabst Stephano IX. zu Ehren, welcher vorher Bischof zu Florenz gewesen, diesen Ritter-Orden.

Die Ritter desselben tragen ein goldenes acht-spitziges roth emaillirtes Creutz zum Ordens-Zeichen auf der Brust hängend. Ihre Kleidung bestehet in einem schwarzen Habit und Mantel, und auf dem Haupt tragen sie einen Hut, mit einer rothen und weissen Feder.

Sie sind verbunden mit ihren Galeeren wider die Türkischen Seeräuber zu ziehen, und die Tos-canischen Schiffe zu begleiten und zu beschützen.

Ihr Ordens-Sitz ist zu Cosmopolis auf der Insel Elba, das Ordens-Fest aber auf den 2ten

G 4   August

August. Der Groß-Herzog von Florenz ist allezeit Großmeister dieses Ordens.

Die Haupt-Würden dieses Ordens sind die Groß-Commenthurer, welche in dieser Dignität während der Regierung des Großmeisters stehen. Die andere aber, als der Groß-Connetable, Admiral, der Groß-Prior des Convents, der Groß-Canzler, der Schatzmeister, der General-Conservateur und der Prior der Kirche, werden alle 3 Jahr auf dem General-Capitel, bey welchem der Groß-Herzog als Großmeister sich befindet, erwählet.

Das General-Capitel, in welchem die 12 *Chevaliers* oder Ritter, aus welchen der Rath bestehet, ernennet werden, wird am Sonntag *in albis* gehalten, bey welchem alle Ritter, deren Anzahl sich über 300 beläuft, zu erscheinen verbunden sind.

Dieser Orden besitzet 23 Prioreyen, 35 Balleyen, und eine grosse Anzahl von Commenthurgeyen.

XXXIII.

RITTER VOM   IAGT-ORDEN
Chevalier   *de l'Ordre*
de   *Chasse.*

105

XXXIII.

Von dem
Jagd=Orden
in Würtemberg.

Geſtiftet im Jahr Chriſti 1702.

Dieſer Orden iſt im Jahr 1702. von Herzog Frie=
derich Carl in Würtemberg geſtiftet, und von
Herzog Eberhard Ludwig 1711. erneuert worden.

Das Ordens=Zeichen iſt ein goldenes in acht
Spitzen ausgehendes roth emaillirtes Creutz, in deſ=
ſen Mitte ein klein grün emaillirtes Mittelſchildlein,
worauf ein goldenes W mit einem Herzoglichen Hut
darüber, zu ſehen iſt. In den 4 Winkeln des Creu=
tzes ſind 4 goldene Adler mit ausgebreitzten Flügeln,
und zwiſchen den Spitzen 4 goldene Jagdhörner.

Dieſes Ordens Creutz wird von den Rittern
an einem handbreiten Ponceau=farb gewäſſerten
Band von der rechten Achſel nach der linken Hüfte
zu hängend getragen: bey Solennitäten aber tragen
ſie ſolches an der Ordens=Kette um den Hals auf
der Bruſt hängend.

Dieſe Ordens=Kette beſtehet aus dreyerley an
einander geſetzten Gliedern. Das erſte Glied ſtellet
G 5 einen

einen goldenen schwarz emaillirten Adler, mit aus$=$
gebreiteten Flügeln, goldenem Schnabel und Klauen
vor. Das andere ist ein rundes goldenes grün
emaillirtes Schild mit einem schmalen goldenen
Rand, worauf ein goldenes W zu sehen, und wor$=$
über ausserhalb des Schildes ein Herzoglicher Hut
stehet. Das dritte Glied stellet 3 ineinander ge$=$
schlungene goldene Jagdhörner vor. Diese Glieder
sind wechselsweis aneinander gesetzt, und unter sich
mit kleinen goldenen Ketten verbunden.

Ueberdem tragen die Ritter dieses Ordens noch
auf der linken Brust einen achtspitzigen mit Strah$=$
len gestickten silbernen Stern, dessen 4 Mittelspitzen
länger sind als die Eckspitzen; in der Mitte desselben
ist eine weisse Circul$=$Fläche, auf welcher ein acht$=$
spitzig roth gesticktes Creutz zu sehen, in dessen
Mitte eine grüne Circul$=$Fläche mit einem goldenen
W und einem Herzoglichen Hut darüber. In den
Winkeln des Creutzes sind 4 goldene Adler mit aus$=$
gebreiteten Flügeln, und zwischen den Spitzen 4 gol$=$
dene Jagdhörner zu sehen. Umher ist ein grüner
Circul, worauf mit goldenen Buchstaben die Or$=$
dens$=$Devise stehet: *Amicitiæ virtutisque fœdus.*

Das Ordens$=$Fest wird jährlich den 3ten Nov.
als am St. Huberti$=$Tag, zu Ludwigsburg gefeyert.

XXXIV.

107

XXXIV.

Von dem

Annen = Orden

in Hollstein.

Gestiftet im Jahr Christi 1735.

Dieser Orden ist von Herzog Carl Friederich von Schleswig-Hollstein, zum Andenken sowohl der verstorbenen Russischen Kayserin, als auch seiner Gemahlin, welche beyde den Namen Anna führten, im Januario des 1735sten Jahrs gestiftet, und deswegen der Annen-Orden genennet worden.

Das Ordens-Zeichen ist ein goldenes viereckigtes flammigtes, roth emaillirtes Creutz, mit einer schmalen goldenen Einfassung, auf dessen rechter Seite in einem goldenen Mittel-Schild die Heil. Anna mit einem Creutz in der Hand, auf der andern Seite aber die Buchstaben *A. I. P. F.* im Zuge zu sehen sind. Aus den Winkeln des Creutzes gehen goldene Feuerflammen hervor. Dieses wird von den Rittern an einem handbreiten Ponceau-farbenen gewässerten Band mit einer gelben Einfassung

von

von der linken Schulter nach der rechten Hüfte zu
hängend getragen. Ferner führen die Ritter dieses Ordens noch auf der rechten Brust einen achtspitzigen mit Strahlen gestickten silbernen Stern,
dessen 4 Mittelspitzen länger sind als die Eckspitzen:
in dessen Mitte eine goldene Circul-Fläche zu sehen,
worauf ein rothes viereckigtes flammigtes Creutz
gestickt ist. Umher ist ein Ponceau-farbener atlas-
sener Circul, worauf oben eine silberne Crone zu
sehen, welche von 2 mit Silber gestickten fliegenden
Engeln gehalten wird. Umher stehen mit silbernen
Buchstaben die gestickten Worte, als des Ordens-
Devise: *Amantibus justitiam, pietatem, fidem.*

An solennen Festen erscheinen die Ritter im
völligen Ordens-Habit, welcher ausser einem schwarz
sammtenen Kleid und dem vorbeschriebenen Ordens-
Zeichen, noch in einem langen roth sammtenen Mantel bestehet. Dieser Ordens-Mantel ist mit dreyerley besondern Zeichen mit Gold und Silber gestickt.
Das erste Zeichen ist 1) Der vorher beschriebene
Ordens-Stern. 2) Die goldenen in einen Zug geschlungenen Buchstaben *A. I. P. F.* 3) Die Heil.
Anna, mit Gold, Silber und andern Farben gestickt, welche kniend vorgestellt ist: welche 3 Stücke
einander immer abwechseln, und den ganzen Mantel anfüllen, welcher unten rund geschnitten, und
so

so lang ist, daß ihn die Ritter mit der Hand halten müssen.

Bey Fürstlichen Personen ist dieser Mantel mit Hermelin durchaus gefüttert, der Ritter ihre Mäntel aber sind mit Sammet auf Hermelin Art gefüttert, und wird auf der Brust durch eine Agraffe von Gold befestiget.

Die Ordens-Hüte sind von rothem Sammt, mit herunter geschlagenen Krempen, und mit Hermelinsammet gefüttert.

XXXV.

XXXV.

Von dem Orden

de la

Sincerité,

oder vom

Rothen Adler=Orden

in Bayreuth.

Gestiftet im Jahr Christi 1705.

Dieser Orden ist im Jahr 1705. von Marggraf Christian Ernst von Bayreuth gestiftet worden, und ist noch daselbst in grossem Ansehen.

Das Ordens=Zeichen ist ein von Gold weiß emaillirtes, in acht breiten Spitzen bestehendes Creutz, oben mit einem Chur= und Fürsten=Hut bedecket: in der Mitte des Creutzes ist auf einer Seite der rothe Brandenburgische Adler, mit dem Hohenzollerischen Brust Schild, und dem neben umstehenden *Symbolo: Toujours le même,* zu sehen. Auf der andern Seite stehet der verzogne Name des jederweiligen regierenden Herrn Marggrafen auf roth mit Gold emaillirt, und auf dem Rand der Spitzen die Anzeigs=Worte: *L'Ordre de la Sincerité.*

Dieses

Marggräfl. Bayreut. Orden.

RITTER   DE LA
SINCE=   RITE.
Chevalier de   la Sincerité.

Dieses Creutz wird von den Rittern an einem roth Ponceau-farbenen, auf beyden Ränden und in der Mitte mit einem auf Ketten-Art eingewirkten Goldfaden gezeichneten Band um den Hals auf der Brust hängend getragen. Ueberdem führen die Ritter dieses Ordens noch auf der linken Seite des Camisols einen achtspitzigen mit Strahlen gestickten goldenen Stern, dessen 4 Mittelspitzen länger sind als die Eckspitzen, in dessen Mitte das oben beschriebene Ordens-Creutz gestickt zu sehen, mit der Umschrift: *Toujours le même.*

Ihre Kleidung bestehet in einem tuchenen Rock und Camisol, von Amaranthe-Farb, mit einer goldenen Tresse eingefaßt, mit einem weissen Futter, mit goldenen Knöpfen und dergleichen ausgenähten Knopflöchern: dann weiß seidenen Strümpfen und einem goldenen Degen, mit einem von Gold bordirten Gehäng: auf dem Haupt tragen sie einen mit Gold eingefaßten Hut, mit einer weissen Feder, und einer schwarzen Cocarde.

XXXVI.

XXXVI.

Von dem Orden

de la

Fidelité,

in Baden-Durlach.

Gestiftet im Jahr Christi 1716.

Carl, Marggraf zu Baden-Durlach, richtete diesen Orden im Jahr 1716. auf, und die regierenden Herren Marggrafen sind jedesmal Oberhäupter dieses Ordens.

Das Ordens-Zeichen ist ein goldenes achtspitziges roth emaillirtes Creutz, in dessen Mitte eine weiß emaillirte Circul-Fläche zu sehen, worauf einige Felsen mit einem doppelten *C.* zu sehen mit der Ueberschrift: *Fidelitas*.

Auf der andern Seite ist in dem weiß emaillirten Schilde das Fürstl. Badische Wappen mit einem rothen Querbalken in goldenem Felde zu sehen. Ueber dem Creutz ist ein roth emaillirter Fürsten-Hut mit Hermelin-Ausschlage zu sehen; in den Winkeln des Creutzes sind jedesmal 2 ineinander geschlungene *C.*

Dieses

Marggräfl. Baden-Durlach. Orden.

RITTER DE LA FIDELITE
Chevalier de la Fidelité.

Dieses Creutz wird von denen Rittern an einem
2 Finger breiten Orange = farbenen gewässerten Band
mit silberner Bordure um den Hals auf der Brust
hängend getragen. Ueber dem führen die Ritter
dieses Ordens noch auf der linken Brust einen acht=
spitzigen mit Strahlen gestickten silbernen Stern, des=
sen 4 Mittelspitzen länger sind als die Eckspitzen, in
dessen silbernen Mittelschild der geschlungene doppelte
Buchstabe *C.* zu sehen, welcher mit einem Fürsten=
Hut bedeckt ist. Umher stehen in einem rothen Cir=
cul mit goldenen Buchstaben die Worte: *Fideliter*
& sincerè.

Die Ritter dieses Ordens müssen guten alten
adelichen Herkommens, und guten Wandels seyn.

H   C. Repw

G. Republicanische Ritter-Orden.

XXXVII.
Von dem Orden
des
Heiligen Marci
zu Venedig.

Von der Zeit der Stiftung dieses Ritter-Ordens kann man nichts gewisses sagen; indessen floriret derselbe noch jetzo zu Venedig, und der Senat daselbst behält sich das Recht vor, sowohl Einheimische, als Fremde damit zu beehren, insonderheit aber denselben denjenigen zu conferiren, welche der Republic besonders große Dienste erweisen, wenn sie auch gleich nicht von adelichem Herkommen oder Geschlechte sind.

Das Ordens-Zeichen bestehet in einer Medaille, auf deren einer Seite das Wappen der Republic, nemlich ein geflügelter Löwe stehet, welcher in der rechten Pfote ein blosses Schwerdt, in der linken aber ein offenes Buch hält, worauf die Worte zu lesen: *Pax tibi Marce Evangelista.* Auf der andern

Herzog Venetian, Orden.

Pax tibi Marc Evang me

RITTER DES H. MARCI
Chevalier de St. Marc.

dern Seite ist der Name des jederweilig regierenden Doge oder Herzogen zu lesen.

Diese Medaille tragen die Ritter an einer goldenen Kette um den Hals, auf der Brust.

Ihr Habit bestehet in einem langen schwarzen Rock, mit weiten Ermeln, wie dergleichen Habit auch die *Nobili di Venezia* zu tragen pflegen.

XXXVIII.

XXXVIII.

Von den Rittern

der

güldenen Stole

zu Venedig.

Unter andern Kennzeichen einer Königlichen Hoheit, welche die Republic Venedig sich zueignet; ist auch dieses eines, daß sie sich des Rechts bedienet, Ritter zu ernennen, deren Anzahl aber nicht eingeschränket ist. Man nennet selbige Ritter von der goldenen Stole, in Betracht derjenigen Zierde und Zeichen, welches sie über der linken Achsel hängend tragen: welches aus einer, von goldenen Blumen reich gestickten Stole einer Hand breit bestehet, und welche ihnen vornen und hinten über die Schulter bis auf die Knie herab hänget.

Der Senat erhebet niemand zu dieser Würde, der nicht von den ältesten Geschlechtern des Staats abstammet, oder der sich nicht durch sonderliche große Verdienste, Ambassaden, und andere ausserordentliche Gelegenheiten derselben würdig gemacht.

Der Habit der Ritter, welchen man den Herzoglichen Habit nennet, bestehet aus einem langen
Kleid

Herzoge Venetianische. Orden.

RITTER VON DER GULDE=
=NEN STOLE.
Chevalier de l'Etole d'Or.

Kleid von rothem Stoff, Taffet oder Damast, an welchem weite Ermel sind, welche fast bis auf die Erde gehen. Das Unterkleid ist Cramoisinroth, welches Winterszeit mit kostbarem Pelzwerk gefüttert und ausgeschlagen ist.

In diesem Habit erschienen die Ritter nicht nur acht Tage nach ihrer Promotion, (als welches sie bey Strafe 500 Ducati thun, und um den Doge oder Herzog in diesen Tagen beständig seyn musten) sondern zu jeder Zeit; bis sie dessen, vermöge einer 1631. ergangenen Verordnung, enthoben wurden, zufolge derselben sie in diesem Ceremonien-Kleid niemalen, als bey gewissen hohen Festins und Functionen erscheinen.

Ansonsten tragen diese Ritter nach Belieben eine ordinaire Kleidung, über welcher sie noch ein langes Oberkleid tragen, welches im Sommer von Cramoisin Atlas oder Tafft, zu Winterszeit aber mit dem kostbarsten Pelzwerk gefüttert ist, und welches sie entweders mit einer sammtnen Gürtel mit Franzen, oder mit goldnen Knöpfen befestigen. Die goldene gestickte Stole aber tragen sie täglich. Ihre Mütze ist derjenigen gleich, welche andere Personen von Distinction tragen, nemlich von schwarzem Tuch mit Franzen und schwarzem Taffet gefüttert.

Die

Die *Cavalieri* stammen allezeit von den ersten, ältesten und vornehmsten Familien des Staats ab.
Sie werden allezeit zu den größten und wichtigsten
Ambassaden gebraucht, und bey der Rückkehr eines
solchen Ambassadeurs, gehen allezeit die ältesten
Ritter, wie auch der *Provediteur* von St. Marco
demselben entgegen, ihn mit den gewöhnlichen Ceremonien zu empfangen und einzuholen.

XXXIX,

Genuesische Orden.

RITTER VON St. GEORG

Chevalier de St. George.

XXXIX.

Von dem Orden
des
Heiligen Georgii,
in Genua.

Gestiftet im Jahr Christi 1701.

Giustiniani, Schoonebeck und Bonani in ihren Geschichten der Ritter-Orden.

Diese Schriftsteller reden von einem Ritter-Orden in Genua, dessen Stiftung sie Kayser Friederich III. zueignen. Sie sagen: als dieser Herr im Jahr 1452. von Rom zurück gekommen, so sey er durch Genua gegangen, wo er mit vieler Pracht aufgenommen worden. Zur Bezeugung seiner Erkenntlichkeit gegen diese Republic nun, habe er einen Orden gestiftet unter dem Namen und Schutz des Heil. Georgs, und den Rittern ein goldenes viereckigtes roth emaillirtes Creutz zum Zeichen gegeben, welches von den Rittern an einer goldenen Kette hängend, getragen wird.

Weil er aber den Doge dieser Republic zum Großmeister dieses Ordens gemacht, und dieser Doge sich alle 2 Jahr verändert, so habe sich der

Orden

Orden nicht erhalten können, sondern seye gänzlich wieder ausgegangen.

Es ist wahr, daß Kayser Friederich III. im Jahr 1452. nach Rom gegangen, um sich daselbst mit der Kayserin Eleonora, seiner Gemahlin, krönen zu lassen. Weil er aber im Jahr 1468. von da, wie gemeldet, zurück kehrete, und Pabst Paul den II. bath, den Orden des Heil. Georgs zu errichten, und zu billigen, mit welchem er die Abbtey zu Mühlstadt zur vornehmsten Wohnung der Ritter durch diesen Pabst vereinigen ließ: So kann es wohl seyn, daß dieser Kayser, da er auf seiner Rückreise durch Genua gegangen, einige Genuesische Edelleute zu Rittern dieses neuen Ordens gemacht, und daß man daher geschlossen, er habe zu Genua einen Orden unter dem Namen des Heil. Georgs errichtet.

Dieser Orden ist eben von keiner großen Wichtigkeit.

Dritter

Röm: Kaÿse: Orden.

Salus &Gloria

STERN-ORDENS
CREUZ DAME.
Dame l'Ordre
de la Croix.

Dritter Abschnitt.

Frauenzimmer-Orden.

XL.

Von den

Stern-Creutz-Ordens-Damen
in Wien.

Gestiftet im Jahr Christi 1688.

Diese sind von des Kaysers Leopoldi Gemahlin
Anno 1688. zu Wien gestiftet, und der Orden vom wahren Creutz von derselbigen genannt
worden: um dadurch ihre Erkänntlichkeit gegen Gott
zu bezeugen, und das Andenken für dessen Güte
stets zu erneuern, nach welcher bey damaliger Ab-
brennung der Kayserlichen Burg ein goldenes Cru-
cifix, worinnen 2 Stücklein von dem Creutz Christi
eingefaßt waren, und welches die Kayserin besaße,
mitten unter den Flammen unversehrt geblieben seyn
soll. Das Ordens-Zeichen ist ein achtspitziges goldenes Creutz, darauf ein kleineres braun emaillirtes

H 5   Creutz

Creutz lieget; unter dem Creutz präsentiret sich auf
einer weiß emaillirten Circul-Fläche ein goldener
schwarz emaillirter zweyköpfigter gekrönter Adler mit
ausgebreiteten Flügeln; zwischen den Spitzen des
Creutzes sind 4 rothe achtspitzige Stern zu sehen,
und um das ganze Ordens-Zeichen gehet ein gold-
ner Circul, worauf mit schwarzen Buchstaben die
Ordens-Devise: *Salus & Gloria*, emaillirt zu
lesen ist. Dieses Ordens-Zeichen wird von den
Damen an einer schwarzen 2 Finger breit gewässerten Schleiffe auf der linken Brust hängend, getragen. Die regierende Röm. Kayserin ist vermög der
Stiftung allezeit Großmeisterin dieses Ordens.

Es floriret derselbige am Wienerischen Hof,
und in den Kayserl. Erblanden gar sehr, und pflegt
selbiger alle Jahr den zten May und 14ten September, als an welchen 2 Tagen das Creutz-Ordens-Fest
in dem Profeß-Haus der PP. Jesuiten auf dem
Hof gefeyert wird, von der Kayserin Majestät an
viele Fürstl. Gräfl. und Freyherrliche Dames ausge-
theilet zu werden. Es hat dieser Orden auch seine
Rathsfrauen und Assistentinnen. Die Erstere führen den Titel Excellence, und bestehen größtentheils
aus denen Oberhofmeisterinnen und Geheimder
Räthe Gemahlinnen; die Assistentinnen aber werden
von der Präsidentin zu Ernennung und Annehmung
der

der Ordens-Damen bey Solennitäten gebraucht.
Die Patronen dieses Ordens sind die Mutter Gottes und der Heil. Joseph. Pabst Clemens IX. hat
selbigen bestättiget, und dem Erzbischof von Wien die
Aufsicht in geistlichen Dingen darüber anvertrauet.

XLI.

XLI.

Von dem Orden
der
Sclavinnen der Tugend
in Wien.

Gestiftet im Jahr Christi 1662.

Im Jahr 1662. wurde dieser Orden von der Kay=
serin Eleonore, verwittibten Gemahlin Kaysers
Ferdinandi III. gestiftet. Sie gab den Ritterinnen
desselben zum Ordens=Zeichen eine goldene Medaille,
auf welcher eine goldene Sonne mit grünen Lorbeer=
Zweigen umgeben, zu sehen ist, mit der umher stehen=
den Devise: *Sola ubique triumphat.*

Diese Medaille wird von den Dames bey So=
lennitäten an einer goldenen Kette, in Form eines
Bracelets, um den linken Arm getragen, an andern
Tagen aber tragen sie eine kleinere Medaille, welche
an einem schwarzen Band an dem linken Arm an=
geheftet wird.

Die Anzahl der Ritterinnen bestehet in nicht
mehr als 30 Dames, und müssen dieselben von gu=
tem altem Adel und Aufführung seyn, auch ange=
loben, der Kayserin als Großmeisterin treu zu ver=
bleiben, und allen löblichen Uebungen nachzustreben.

Nach

Röm. Kayss. Orden.

Sola ubique triumph.

DAME VOM ORDEN DER
SCLAVINNEN DER TUGEND
Dame Cheval erie des Esclav
de la Vertu

Nach dem Todes = Fall einer jeden Ordens = Ge=
noſſin muß das große Ordens = Zeichen oder Me=
daille der Großmeiſterin zurück geſchicket werden,
die kleinere Medaille aber verbleibt den Erben oder
Freunden derſelben eigen, zum Angedenken, daß
eine Perſon ihrer Familie die Ehre gehabt hat, in
dieſem Orden aufgenommen geweſen zu ſeyn.

XLII.

XLII.

Von dem

Catharinen=Orden

in Rußland.

Gestiftet im Jahr Christi 1714.

Dieser Orden, welcher noch jetzo in sehr großem Ansehen stehet, ist im Jahr 1714. von der Czaarin Catharina, zum Andenken der am Flus Pruth Anno 1711. mit den Türken gehaltenen grossen Schlacht, gestiftet worden: Dann als die Czaarin ihrem Gemahl aus großer Liebe nach dem Flus Pruth folgete, und die ganze Armee nebst beyden Majestäten in großer Noth waren, so hatte die Kayserin einen Courier an den Großvezier gesandt, und ihme eine große Summe Geldes versprochen, wenn er sich mit dem Czaar in Friedens=Tractaten einlassen wollte. Als nun der Großvezier solcher Bitte Statt gegeben, auch darauf der Friede geschlossen wurde, schickte derselbe Deputirte in das Russische Lager, denen unter andern Verrichtungen auch dieses mit aufgetragen war, daß sie die Czaarin ersuchen möchten, sich ihnen sehen zu lassen, weil er an ihrer Gegenwart zweifelte, und daß ein Frauenzimmer aus Liebe zu ihrem Gemahl sich in solche Ge-

fahr

Russische Kayser Orden.

FIDE et PATRIA

DAME VOM CATHA-
RINEN ORDEN
Dame de l'Ordre
Ste Ca- therine

fahr begeben sollte. Zu deſſen Andenken beliebte es
dem Czaar, daß ſeine Gemahlin dieſen Orden ein-
ſetzen ſollte.

Das Ordens-Zeichen iſt ein rundes goldenes
cramoiſin emaillirtes Schild, auf welchem ein weiſ-
ſes viereckigtes Creutz lieget, unten vor dem Creutz
ſtehet ein halbes braunes Rad mit Speichen und
goldnen Nägeln. Hinter dem Creutz iſt die Heil.
Catharina ſitzend zu ſehen; ihre Kleidung iſt oben
Roſenfarb, das Unterkleid bleumourant; ihr Haupt
iſt mit einem Schein umgeben, und in der Hand
hält ſie einen grün emaillirten Palm-Zweig.

Dieſes Ordens-Zeichen iſt mit einem Circul
von Diamanten umgeben. An den 3 Orten, wo
das weiße Creutz an beyden Seiten und unten an-
ſtöſſet, ſind 3 Lilien von Diamanten, oben aber eine
diamantne Crone, welche das Ordens-Zeichen bedecket. Ueber dieſer Crone iſt noch ein kleiner acht-
eckigter Stern von Diamanten.

Dieſes Ordens-Zeichen hängt von der rechten
Schulter nach der linken Hüfte zu, an einem Ponceau-farb ſchmalen gewäſſerten Band, mit einer
ſilbernen Einfaſſung. Gleich über dem Ordens-Zeichen iſt eine Schleiffe von dieſem Band, worauf mit
ſilbernen Buchſtaben eine Ruſſiſche Schrift ſtehet.
Ueber

128

Ueber dem führen sie auf der linken Brust einen achtspitzigen mit Strahlen gestickten silbernen Stern, welcher in der Mitte eine Ponceau=farbene Circul=Fläche hat, worauf ein silbernes Creutz, mit einem silbernen halben Rad unten, zu sehen. In den 4 Winkeln des Creutzes stehen die 4 Buchstaben *E. R. O. S.* Umher ist ein rother Circul, worauf eine goldene Russische Schrift stehet, welches die Ordens=Devise ist, und so viel heisset, als: *Pro Fide & Patria.* Die Crone, welche oben stehet, ist von Gold, und unten sind 2 Creutzweis gelegte grüne Palm=Zweige.

Es wird dieser Orden nur dem vornehmsten Frauenzimmer conferiret, und zwar sowohl einheimischen, als fremden.

XLIII.

DAME VOM OR-   MATHILDIS DEN
Dame St Ma=   de l'Ordre =thilde

XLIII.

Von dem
Mathildis-Orden
in Dänemark.

Gestiftet im Jahr Christi 1770.

Dieser Orden wurde im Jahr 1770. den 12ten Jul. zum Angedenken Ihrer höchst glücklichen Vermählung von der Königinn in Dänemark, Carolina Mathilde, gebohrnen Prinzessinn von Großbrittannien, aus Zärtlichkeit vor ihren Gemahl gestiftet.

In dem Ordenszeichen befindet sich der verzogene Name der höchsten Stifterinn von Perlen zusammengesezt in einem Kreuße von Diamanten und einem weissen Felde, über welchem eine Königliche Krone stehet. Es wird an einem blauen Bande von den Damen auf der Brust angeheftet getragen. Das Ordensdilemma ist: *Gloria & amore Patriœ.* Dieser Orden wird niemanden, als nur denen, welche sich in Ansehung ihrer hohen Reichsbedienungen darzu qualificirt befinden, als ein hohes Merkmal der Königlichen besondern Gnade, jedoch aber ohne jährlichen Gehalt ertheilet.

J   XLIV.

XLIV.

Von dem

Militär-Orden

des

Heiligen Heinrichs

in Churſachſen.

Geſtiftet im Jahr Chriſti 1768.

Dieſer Orden iſt ebenfalls zu Beförderung des Dienſteifers im Militärweſen, und zur Belohnung vorzüglicher kriegeriſcher Verdienſte, von des Herrn Adminiſtrators Prinz Xavers, Königlichen Hoheit im Jahr 1768. vor die in würklichen Churſächſiſchen Kriegsdienſten ſtehende Oberofficier errichtet, und ihme die Benennung des Churſächſiſchen Militärordens St. Henrici gegeben worden.

Das Großmeiſterthum des Ordens iſt mit dem Churfürſtenthum Sachſen unzertrennlich vereiniget, und die Ritter werden in drey Claſſen, nemlich in Großkreutze, Commandeurs, und Kleinkreutze eingetheilet. Die Anzahl derſelben beſtehet aus zwey Großkreutzen, vier Commandeurs, und ſechs und dreyßig Kleinkreutzen, welche ſämmtlich gewiſſe jährliche Gehalte genieſſen: auſſer denen aber noch mehrere

Virtuti in bello

RITTER DES   H. HEINR
OR-   DENS.
Chevalier de   St. Henri

rere ohne Gehalt, nach des Großmeisters Gutbefinden, aufgenommen werden können.

Das Ordenszeichen bestehet in einem güldenen achteckigten Kreutze, mit einer weißgeschmelzten breiten Einfassung. In der Mitte zeigt sich ein gelbgeschmeltztes rundes Schildlein und in demselben der Kaiser Heinrich der Heilige, stehend und geharnischt, in völligem Kaiserlichem Schmucke, mit beygefügtem Namen; In der blauen Einfassung gedachten Schildleins sind die Worte zu lesen: *Xaverius Princeps Poloniæ Dux & Administrator Saxoniæ instituit* 1768. Auf der andern Seite des Kreutzes ist ein ebenfalls blaueingefaßtes Schildlein, oben schwarz und unten silber, queer getheilt, auf welchem zwey ins Kreutz aufwärts gestellte Schwerdter, als das Wappen von Chursachsen, mit einem Lorbeerkranz umgeben, zu sehen sind, und in der blauen Einfassung befindet sich das Ordenslemma: *Virtuti in bello!* Die vier Winkel um den Schild sind mit grünen Zweigen des Sächsischen Rautenkranzes ausgefüllt.

Dieses Ordenszeichen ist von zweyerley Gattung, nemlich das große, und das kleine Kreutz, jenes vor die Ritter der zwey ersten Classen, und dieses vor die Ritter der dritten.

Die

132

Die Großkreuße tragen das größere Ordens-
zeichen an einem handbreiten himmelblauen seidenen
Bande, mit citrongelber Einfassung von der rechten
Schulter nach der linken Hüfte, und über dieß auf
dem Rocke, an der linken Brust einen achtspißigen
übereckgestellten, mit Strahlen von Gold gestickten
Stern, in dessen Mitte vorherbeschriebene zwote
Seite des Ordenszeichens mit den von einem Lor-
beerkranze umgebenen Sächsischen Churschwerdtern,
und beygefügten Ordenslemmate vorgestellt ist. Die
Commendeurs tragen ein gleiches großes Ordenszeichen' auf eben diese Weise an eben dergleichen brei-
tem Bande, doch ohne gestickten Stern, und die
Kleinkreuße tragen es von kleinerer Größe in dem
dritten Knopfloche des Rockes an einer zweyen
fingerbreiten seidenen Bandschleife von eben derselben Farbe. Der jedesmalige Ordenskanzler erhält
zugleich das große Kreuß, und die beyden Ordens-
beamten, der Ordensschatzmeister, und der Ordens-
secretarius tragen das kleine Ordenszeichen.

Zu der ersten feyerlichen Aufnahme der ernannten Ritter, welche des Herrn Administrators Königliche Hoheit in Vormundschaft seiner Churfürstlichen Durchläucht selbst vorzunehmen geruhet hatten,
war der Sonntag, der 4te September 1768. an-
gesetzt. Diese Ceremonie erfolgte in dem damahli-

gen

gen Hoflager auf dem Lustschlosse zu Pillnitz, und
Se. Churfürstlichen Durchlaucht sowohl, als des
Herrn Administrators Königliche Hoheit trugen an
bemeldtem Tage das große Kreutz des neugestifte-
ten Ordens, in welchem auch die beyde damit bereits investirte Großkreutze, und der Ordenskanzler
erschienen.

Nach geendigtem Gottesdienste begaben sich
Höchstgedachte Se. Königliche Hoheit unter Vor-
trettung der Ordensbeamten, der Ordenscandidaten,
Gedachten zween Großkreutze und des Ordenskanzlers,
in Begleitung der Ordenschargen, Gardecomman-
danten, und der Großen vom Hofe, in den großen
Tafelsaal, dessen Inneres mit einem Detaschement
von der Adelichen Cadetencompagnie besetzt war.

Als Se. Königl. Hoheit, in selbigem unter
Trompeten- und Pauckenschall eingetretten waren,
verfügten sich die bereits creirten zween Großkreutze
zu ihren seithalb des Thrones rechts und links stehenden Stühlen, und die Ordenscandidaten stellten sich
dem Throne gegen über in eine Reihe: Se. Königliche Hoheit aber nahmen auf dem mit drey Stufen
erhöheten Throne Platz.

Hierauf hielten, Se. Excellenz der Churfürstl.
Cabinetsminister und Staatssecretarius, Herr Ba-
ron

ron von Ende, als Großkanzler eine der vorhabenden Handlung gemäße wohlgesetzte Rede.

Nach Endigung derselben, da Se. Königl. Hoheit sich immittelst bedecket hatten, auch von den beyden Großcreutzen, und dem Ordenskanzler ein gleiches geschehen war, wurde die Promotions-Liste der sammtlichen ernannten Ritter von Sr. Königl. Hoheit letzterm zugestellt, so wie solche hernach folget; und selbige sowohl als die Ordensstatuten durch den Herrn Geheimen Kriegsrath Just, als Ordens-Secretarium, verlesen.

Nachdem nun auch von demselben den aufzunehmenden Ordensrittern der Eid vorgelesen worden, so verfügten sich dieselbe, einer nach dem andern zu dem Thron, knieten vor Sr. Königlichen Hoheit nieder, und legten den Ordenseid auf das Statutenbuch, welches Höchstdenenselben von dem Ordenskanzler auf den Schoos geleget worden, ein jeder besonders ab. Sodenn gaben Se. Königl. Hoheit den Candidaten den Ritterschlag mit ausgezogenem Degen, geruheten auch zugleich die von dem Ordensschatzmeister, dem Herrn Generalcommissario von Heynitz, überreichte Ordenszeichen, als nemlich den Herren Commandeurs das Ordensband mit dem großen Kreutze, unter Beystand des Ordenskanzlers, selbst umzuhängen; den Kleinkreutzen aber das

kleinere

kleinere Ordenszeichen eigenhändig zuzustellen, und
hierauf den neu erwählten Rittern die Anolade zu
geben. Diese küsseten hierauf Ihro Königl. Hoheit
die Hand, und begaben sich auf die für sie zuberei=
teten Plätze.

Nachdem solchergestalt die anwesenden Candi=
daten einer nach dem andern zu Rittern geschlagen,
und in den Orden aufgenommen worden, auch sich
untereinander unter Trompeten= und Pauckenschall
umarmt hatten, standen Se. Königliche Hoheit von
dem Throne auf, und wurden von der nemlichen
Ordensprocession, wobey nunmehr sämmtliche Rit=
ter bedeckt waren, durch den Garten in Dero
Appartement begleitet; nachher aber sämmtliche
Ritter von allen dreyen Classen nebst den Ordens=
beamten an die Churfürstliche Tafel gezogen.

XLV.

XLV.

Von dem
Löwenritter=Orden
in Churpfalz.

Gestiftet im Jahr Christi 1768.

Carl Theodor, jetztregierender Churfürst von der
Pfalz errichtete diesen Orden nach seiner fünf
und zwanzigjährigen Regierung den ersten Tag des
1768. Jahres, um damit seine Erkänntlichkeit gegen
alte und getreue Staatsbediente allgemeiner zu ma=
chen; weil sich zu diesem seinem Zwecke der bereits
florirende St. Huberts=Orden nicht in allem beque=
men, und er in demselben nichts neues verfügen
wollte, so entschloß er sich einen neuen, und
also hiemit gegenwärtigen, unter der Benennung
des Churpfälzischen Löwens zu stiften, worein
alle sowohl geistliche als weltliche Personen von
allen dreyen in dem Römischen Reiche erlaubten
Religionen, aufgenommen werden, welche Altade=
lich erwiesenen Herkommens sind, und sich gegen
das Hohe Churhauß besondere Verdienste gemacht,
oder inskünftige machen werden, und bey dasigen,
oder andern Höfen, oder in Kriegsdiensten ansehn=
liche Ehrenstellen bekleiden; wobey insonderheit auf
die

RITTER DES   LÖWEN ORDENS

Chevalier   de Lion.

die persönliche gute Eigenschaften der Dienerschaft belobten Churhauses, und auf deren langjährige Treue und erspießliche Dienste sowohl, als auf guten alten Adel die Rücksicht zu nehmen sich vorbehalten wird.

Die erste Solennität der Errichtung dieses Ordens gienge den ersten Tag des 1768. Jahres, als ein Gedenkfest der angetrettenen Churfürstlichen Landes-Regierung vor: wobey sich Ihro Churfürstliche Durchlaucht erklärten Zeitlebens vor Sich und Dero Nachfolger das Großmeisterthum dieses Ordens zu führen, und zugleich die zu beobachtende Satzungen bekannt machen liessen; Unter den Ordenszeichen bestehet der auf der linken Seite des Oberkleides an der Brust zu tragende Stern in einem achteckigten auf allen Seiten gleich ausgebreiteten Kreutze, von mattem Silberfaden, dessen Rand mit Silberblätt, oder Glanz, der Zwischenraum der Kreutztheile aber mit Flammen von gleichem Silberglanz gezieret, bestehet, in dessen Mitte unter dem Churhute die Buchstaben *C. T.* auf denen Kreutzflächen aber das Wort *Institutor* durch ausgetheilte Buchstaben von erhabenem Goldfaden ausgedruckt sind.

Das Ordenskreuz ist von Gold, dessen Fläche mit blauem Schmelz, der Zwischenraum aber mit

K güldenen

güldenen Flammen versehen, in der Mitte einen
stehend gekrönten güldenen Löwen mit der Ueberschrift von güldenen Buchstaben *Merenti* auf einem
weißgeschmelzten verschlungenen Bande auf der
obern, auf der gleichgestalten untern Seite aber,
statt des Löwens, unter dem Churhute, die Namens-
buchstaben des Errichters *C. T.* mit der Aufschrift
habend: *Institut;* Anno 1768.

Dieses Ordenskreutz wird an einem vier Finger
breiten gewässerten weiß seidenen Bande, dessen
Rand einen Viertelszoll breit Himmelblau einge-
fasset ist, von der linken Schulter zur rechten Seite
hinab, von den geistlichen Mitgliedern dieses Ordens aber an einem etwas schmälern Bande an dem
Hals auf der Brust hangend getragen. Alle Ordensritter sind befugt ihre hergebrachte und ange-
bohrne Wappen mit diesem Ordensbande zu umgeben, und zu zieren. Das feyerliche Fest dieses
Ordens ist jeden neuen Jahrstag; an welchem alle
Ordensritter, wenn sie auch dem St. Hubertsorden
einverleibet sind, mit dem Stern, und großem
Bande des Pfälzischen Löwens zu erscheinen haben,
worinn der Durchlauchtige Großmeister dieses Ordens mit seinem Beyspiel selber vorgehet. Bey dergleichen Ritterversammlungen, wird der Rang nach
der Aufnahm der Ritter beobachtet, dieses aber übri-
gens

gens denen an dasigem Hofe eingeführten Dienst
und Rang=Ordnungen nicht nachtheilig seyn, son=
dern hierunter das Herkommen vor wie nach beo=
bachtet werden. Auf diejenige, welche sich bereits
Merkmale durch Erhaltung des Pfälzischen Löwen=
Ordens ihrer Verdienste erworben haben, wird in
Ertheilung des St. Hubertsordens, wenn sie erweiß=
lich Altgräflich=oder Freyherrlichen Standes sind,
vorzüglich Bedacht genommen. In welchem Falle
sodenn der Pfälzische Löwe keineswegs abgeleget,
sondern ausserhalb des oben bestimmten Ordensfe=
stes, an einem etwas schmälern Bande, an dem
Hals auf der Brust hangend getragen wird; Wer
einem auswärtigen Orden vorhin einverleibet ist,
und in diesen Haus=Orden aufgenommen zu wer=
den verlanget, hat bey Willfahrung seiner Auf=
nahm, zuförderst sich jenes fremden Ordens zu be=
geben, woferne er nicht in Erwegung besonderer
Umstände, darinnen dispensirt wird. Die Zahl der
Ordensritter ist mit Innbegrif des Ordenskanzlers
auf fünf und zwanzig eingeschränkt. Der Orden
ist über dieses mit einem Geheimschreiber und Gar=
derober versehen, welche ihre Dienste nach Anwei=
sung des Ordenskanzlers, die dieser vom Durch=
lauchtigen Großmeister empfängt, zu verrichten haben.

Niemand von den Staatsbedienten, oder dem
Landsäßigen Adel ist um diesen Orden anzuhalten

K 2   befugt,

befugt, er habe denn fünf und zwanzig Jahre lang
wenigstens dem Churhause treue und ersprießliche
Dienste geleistet, und ansehnliche Ehrenstellen in dem
dasigen Staats=oder Kriegswesen erreichet; wobey
jedoch auf Fremde von vorzüglicher Geburt, die
Hohe Ehrenstellen geistlich= und weltlichen Standes
bekleidet, und dem Hohen Churhause sich durch an=
genehme Dienste gefällig gemacht, eine besondere
Rücksicht zu nehmen sich vorbehalten wird. Jeder
zu diesem Orden ernannter Ritter ist verbunden drey
Tage vor würklichem Empfang der Ordenszeichen
fünf und zwanzig Ducaten dem Ordens=Secretario,
als eine denen Ordens=Officianten zugeeignete Er=
götzlichkeit zu erlegen. Die Erben der verstorbenen
Ordens=Ritter sind schuldig und gehalten, das
Ordenkreutz innerhalb drey Monaten an den Ordens=
Secretarium zurück zu geben, und endlich behält
sich der Hohe Stifter dieses Ordens vor, die Or=
denssatzungen zum Besten und der Aufnahme des
Ordens zu erweitern, und zu erklären.

XLVI.

Chur Pfälz. Orden.

DAME VOM ELLISABETHN
OR=   DEN
Dame de l'Ordre St Elisab.

XLVI.
Von dem
Chuupfälzischen
zum Besten der Nothleidenden
gestifteten
Damen=Orden
der
Heiligen Elisabeth.
Gestiftet im Jahr Christi 1766.

Dieser Damen=Orden hat sein Daseyn von der Durchlauchtigen Churfürstinn von der Pfalz Elisabetha Augusta, und seinen Namen von der Mildthätigkeit gegen die Armen erhalten. Er wird nur solchen Damen verliehen die der Catholischen Religion zugethan, und im Stande sind, sowohl ihren, oder wenn sie verheyrathet oder Wittwen sind, ihres Ehemannes Adel mit sechzehen Ahnen zu erweisen. Die Anzahl derselben wird, ausser den Fürstinnen des dasigen Churhauses und anderer Altfürstlicher Häuser, auf die Obrist=Hofmeisterinn, und sämmtliche Hofdamen, sodenn aber auf 6 verehlichte oder verwittibte Damen eingeschränket; über welche also bestimmte Anzahl, ausser in dem Fall einer Erledigung, keine Dame, wer sie auch immer seyn mag, in den Orden aufgenommen wird.

Die

Die Aufnahme in den Orden aber geschiehet allein auf Ostern, oder auf das Fest der Heil. Elisabeth; da gesammte Ordensdamen verbunden sind, auf solchen letztbenannten Tag nebst Anhörung einer Heil. Messe nach Vermögens-Umständen, Allmosen auszutheilen.

Das Ordenszeichen bestehet, aus einem weißgeschmelzten Kreutz, mit dem Bildniß der Heil. Elisabeth, wie sie Ihre Mildthätigkeit gegen die Arme ausübet, auf der einen Seite, auf der andern aber den Namenszug der Churfürstinn nebst einem über dem Kreutz schwebenden Churhute, habend.

Dieses wird von den Ordens-Damen auf der linken Brust an einem blauen rotheingefaßten Bande getragen, und darf keine Dame ohne dasselbe öffentlich bey jedesmaliger Straffe eines Ducatens erscheinen. Jede Ordens-Dame hat bey ihrer Aufnahm dem Schatzmeister des Ordens vier Ducaten zu erlegen. Nach dem Absterben einer Ordens-Dame muß das Ordens-Zeichen an den Schatzmeister zurück gesandt werden, und alle übrige Ordens-Damen sind verbunden zwey Heil. Messen für die Abgestorbene lesen zu lassen; Die Churfürstinn aber als Ordensstifterinn läßt in solchem Falle ein hohes Seelenamt halten, welchem gesammte beym Hoflager sich befindende Ordens-Damen beyzuwohnen schuldig sind. Woferne eine Ordens-Dame, das Ordens-

Ordens-Zeichen verliehren sollte, hat sich selbige
alsobald ein anderes auf eigene Kosten anzuschaffen.

Die Ernennung der Ordens-Beamten, der
Secretarien und Schatzmeister sowohl, als die An-
weisung zu ihren Dienstverrichtungen behält sich die
Churfürstl. Stifterinn vor, wie nicht weniger auch
die Macht und Freyheit diese Ihre Ordenssatzungen
nach Gutbefinden, zum Besten und zu der Aufnahme des Ordens zu verbessern, zu vermehren, und
zu verändern.

Vermöge einer Bulle Pabst Clemens XIII. wurden diesem Orden der Heil. Elisabeth verschiedene
Gnaden und Ablässe verlihen, und ihme zugestan-
den, daß die Ordens-Damen unter ihrer jederzeiti-
gen Durchlauchtigsten Großmeisterin, in den Kirchen
und sonsten sich einfinden, dem Gottesdienst beywoh-
nen, und in Processionen einhergehen dürfen.

Ferner genehmigen Ihro Heiligkeit, alle Ver-
sammlungen und Verordnungen, die zur Aufnahme
gedachten Ordens gemacht werden, und ertheilten
allen und jeden Ordens-Damen, an dem Tage ihrer
Aufnahme, wenn sie reumüthig beichten und com-
municieren, ingleichen in der letzten Sterbestund,
nach reumüthiger Beicht und verrichteter Communion, oder wenn dieses nicht mehr geschehen können,
nach Anrufung des Namens Jesu, mit dem Munde,
oder da auch dieses nicht mehr möglich gewesen, nur
mit

mit innbrünftiger Herzens-Andacht, vollkommenen Ablaß.

Weiter erlangen gesammte Ordens-Damen und
zwar die aus dem Fürstenstande einmal in jedem
Monat, die Adeliche aber des Jahrs fünfmahl vollkommenen Ablaß, wenn sie nach abgelegter reumüthiger Beicht, und empfangener Heil. Communion,
in der zur Ordens-Andacht zur Zeit gewiedmeten
Kirche oder Kapelle, das gewöhnliche Gebeth für
Einigkeit aller Fürsten, Ausreutung der Ketzereyen,
und Aufnahm und Erhöhung der Kathol. Kirche
verrichten werden. Ferner erhalten sämmtliche Ordens-Damen hundert Tage Ablaß, so oft sie ein
Werk christlicher Liebe oder der Andacht verrichten,
und endlich erhalten nicht allein sämmtliche Ordens-
Damen, sondern auch alle und jede Christglaubige
vollkommenen Ablaß, die an dem Hauptfeste des
Ordens, oder dem Feste der Heil. Elisabeth den 19.
November von der ersten Vesper des vorhergehenden
Tages bis zu Niedergang der Sonnen gemeldten Fe-
stes die Ordenskirche oder Kapelle andächtig besuchen,
und nach vorher geschehenen Beicht und Communion zu oben gemeldter Meinung der katholischen
Kirche innbrünstig beten werden.

Vorläufige
kurze Erklärung
des hie beygesezten
Ritter-Schlags.

Wir verhoffen dem hochgeneigten Leser nicht unangenehm zu gefallen, wenn wir bey Erblickung dieses ersten Kupfers, etwas weniges von einem Ritter des heiligen Römischen Reichs gedenken.

Diese werden allezeit bey der Kayserlichen Crönung von dem neu erwählten Kayser geschlagen; unter denen die Rheinländische Gräfliche Familie von Dalburg, beygenannt Cämmerer von Worms, vermöge uralten Kayserlichen Privilegii, die Oberstelle hat, und geschiehet die Ritterschlagung also, daß Kaysers Caroli M. Schwerdt auswendig über dem Rock des neuen Ritters dreymal gezogen wird, und des Tags vor der Crönung der neue Kayser die Namen derjenigen, welche Er zu Rittern schlagen will,

an

an Chur-Sachsen übersendet, damit er urtheilen möge, ob sie Wappen-Genossen, oder von vier Ahnen Edle sind, keine Uebelthaten, und nichts wider die Ehre gethan haben. Wenn der Ritterschlag geschehen, gibt der Kayser das Schwerdt an Chur-Sachsen wieder zurück. Und diese Ritter, welche zu ihrer Devise die Worte führen: Thue recht, werden des heiligen Römischen Reichs Ritter genannt.

Adelicher Pferd Turnier.

Von einem adelichen Turnier.

Dieses waren vor einigen Seculis gewisse Ritterspiele, zu welchen aber niemand admittirt wurde, der nicht 16 Ahnen beweisen konnte; deswegen sich auch die Ritter erstlich bey dem Wappenkönig meldten, und ihm ihr Wappen zeigen musten, ob sie auch Turnier-fähig wären. Die Ritter theilten sich auf dem Turnier in besondere Nationen und Partheien, wurden Paar und Paar in die Schranken gelassen, brachen ihre Speere, rannten mit stumpfen Lanzen gegen einander, und suchten ihren Gegenpart aus dem Sattel zu heben.

Der Zweck dieser Turniere war, daß der tugendhafte Adel im Flor und Würden erhalten, die Deutsche Nation in versicherter Reichs-Defension conserviret, und die jungen Edelleute in ihren Exercitien perfectioniret würden: sintemalen die stumpfen Turnier-Lanzen bey den ernstlichen Treffen in scharfe Speeren verwandelt wurden, und die Ritter sich es dazumalen für eine Ehre schätzten, wenn sie in einer Schlacht nicht von geringen Kerlen, sondern von mannhaften Rittern niedergelegt wurden.

In dem Römischen Reich hatte man solcher Turnier mit Stechen und Lanzenbrechen an der Zahl 36 ausgeschrieben, von welchen das erste im Jahr

Christi

Christi 938 zu Magdeburg von dem Kayser Henrico Aucupe, das letzte aber Anno 1487 zu Worms von der Rheinischen Ritterschaft ausgeschrieben und gehalten worden.

Nachhero sind dergleichen Ritterspiele wegen des eingeführten Schieß-Pulvers abgeschaft worden, an deren Stelle die Kopf-und Quintanrennen, das Ringelrennen, das Zielschiessen, der Roßlauf und das Pfeilwerfen aufgekommen sind.

In Frankreich sind dergleichen Ritter-Uebungen bekannt gewesen: und haben die Römer und Griechen dergleichen schon in Gewohnheit gehabt.